元·何異孫 撰

十一經問對

中國書店

詳校官編修臣裴謙

臣紀昀覆勘

經部七

十一經問對　　五經總義類

提要

臣等謹案十一經問對五卷何異孫撰異孫不詳何代人明楊士奇嘗稱之意其人在元明間也諸卷皆設為論難以相答問其編次以論語孝經為首次以孟子又次以大學中庸書詩周禮儀禮春秋三傳禮記而不及周

易其解雖或與朱程蔡陳諸家相平反而大
學分經傳綱領條目則以朱子爲準固亦傳
新安之學者也黄俞邰以爲科場發問對策
之書今閲之良是然宋人程試之書如春秋
透天關等大抵淺鄙不足道此書於經義時
有發明非他本揣摩剽竊之可比固不妨録
而存之以資考證焉乾隆四十九年三月恭
校上

總纂官臣紀昀臣陸錫熊臣孫士毅

總校官臣陸費墀

十一經問對卷一

元　何異孫　撰

論語

問論語者何　對曰此孔門師弟子討論文義之言語也有弟子記夫子之言者有夫子荅弟子之問者有弟子自相荅問者又有時人相與言者有臣對君之問者有師弟對大夫之問者皆所以討論文義故謂

之論語

問論語一也魯論齊論古論如何　對曰今之論語二十篇者魯論也魯諸儒傳之故曰魯論如齊論篇章又外有問王知道瑯邪膠東諸儒傳之故曰齊論所謂古論乃壁中所得者皆科斗文字故曰古論

問古論出於何時　對曰漢景帝子餘封於魯曰共王壞孔子舊宅於壁中得孔氏所藏古文尚書及傳論語孝經案何晏序云凡二十一篇篇次不與齊魯論

同

問論語出於漢景帝世而文帝時論語孝經孟子爾雅皆置博士者何　對曰古文論語出於漢景帝如齊論魯論恐是漢興之初齊魯諸生多孔氏弟子門人已先得於傳授者在文帝朝為博士也

問此書既是諸子記録成編名之曰論語者誰　對曰孔門唯曾參最少小孔子四十六歲是書記曾子死則其去孔子也遠矣曾子死孔子弟子略無存者矣

竊意論語一書曾子弟子為之而就名之也

問何以見得是曾子弟子為之而就名之　對曰是書載弟子必以字稱或以名稱獨曾子稱曾子有子稱有子此皆其門人稱之也唐柳宗元辨正以為必子春子思為之

問凡稱子曰者何　對曰子曰者弟子記孔子之言語也有子曰曾子曰此又其門人記其師之言語也

問孔子在時弟子門人已記録之否　對曰孔子沒門

人以平日所記輯而録之如今之語録此書雖成於曾氏之門人其門人亦必採於諸弟子之門弟子以成其篇帙

問論語二十篇以學而居首者何　對曰此篇乃學者入道之門進德之基孝弟者本立而道生而忠信所以進德也故一篇十六章言孝弟忠信者九多曾子有子門人所記

問首章之義學而後說乎抑說而後學習乎朋來而後

樂乎抑樂朋之來乎不慍而為君子乎抑君子而能
不慍乎　對曰人必説於學而後習之不厭人必喜
朋友則朋友之來其樂可知君子之人樂天知命遯
世無悶人不己知何慍之有

問先儒之説如何　對曰先儒之説是就聖人旨意順
解將去皆謂學習則説朋來則樂不慍則知為君子
其説明白無疑

問其説既是明白何必立説求異於先儒　對曰聖人

言近旨遠一章三節不亦説乎不亦樂乎不亦君子乎反復玩味三不亦乎字有以得先儒言外之意非求異也

問既不求異何不止用先儒之説　對曰意有未盡不害乎相與發明且如學習而説可也不習則不説乎朋來而樂可也不來則不樂乎不愠而為君子可也愠則非君子乎意有未盡講明可也

問此章三不亦字莫不是疑而未定之辭故有兩説三

不亦是聖人善誘之美意非疑辭　對曰乎字雖是
疑辭然加以不亦二字則非疑辭矣
問何以明之　對曰以堯曰篇子張問政夫子雖荅以
尊五美屏四惡而不亦乎之辭義亦有三玩味紬繹
若異而同録論語而成書者寘之首篇之始終篇之
終似有待於後者相與講明也
問試言終篇之義如何　對曰夫子曰君子惠而不費
勞而不怨欲而不貪泰而不驕威而不猛子張曰何

謂也夫子乃舉其事實之曰因民之所利而利之斯不亦惠而不費乎君子無衆寡無小大無敢慢斯不亦泰而不驕乎君子正其衣冠尊其瞻視儼然人望而畏之斯不亦威而不猛乎以此三不亦乎字推之恐非疑辭

問為政篇北辰俗儒惑於道家以為北斗者何　對曰北斗七星其杓隨月建而指北辰者太一也中宮天極星其一明者太一之常居也旁三星為三公後四

星為妃后餘三星後宫之屬環衛之以十二星者為藩臣皆曰紫宫所謂北辰也案西漢天文志及朱文公感興詩可攷

問為政如北辰者何　對曰太一有常居而不動受衆星朝拱政者正也以德為政則政出於心心者人之北辰不動而應物民心無常歸於有德以德為政天下歸之其象如此

問子夏問孝孟武伯問孝集註各立兩說者何　對曰

色難之訓承順父母顏色一難也人子之事父母能愉婉其顏色二難也兩說皆通孟武伯問孝之訓似有三說𨚫欠折衷

問三說者何　對曰一說謂父母惟恐子之有疾病為憂一說謂人子能使父母不以其陷於不義為憂而獨以其疾病為憂二說雖巧皆未為盡

問第三說如何　對曰此章畢竟是問孝人不幸而有疾如何便是不孝如子疾病伯牛有疾曾子有疾皆

人所不能無者不若程子只就父母分上平說去程子以為此人多憂夫子因其問孝勉其多憂無益惟父母之疾為可憂耳此說其字政說父母深得聖人之意

問八佾篇子夏問巧笑倩兮美目盼兮素以為絢兮此碩人第三章之句也集註何以謂之逸詩　對曰此問是未删詩以前之詩也故曰逸詩今案衛風碩人第三章無素以為絢兮一句則此詩已經夫子删華

矣

問里仁篇仁者之人可以無過子曰觀過知仁者何

對曰子曰人之過也各於其黨緊切在一黨字仁者

當理而無私心安得有過或為親戚朋友之黨無故

而累其仁是謂過矣房玄齡非不仁而累於子孔融

兄弟亦仁者而累於友董仲舒所言仁義而累於學

生故曰人之過也各於其黨觀過斯知仁矣

問里仁篇曾子出門人問曰正是誰之門人　對曰此

曾子之門人也曾子入見於夫子其門人必隨曾子入子曰參乎吾道一以貫之曾子曰唯其門人未曉而於夫子之前又不敢問曾子及出門然後問曰何謂也曾子乃以忠恕語之此曾子門人也

問公冶長嘗縶縲絏南容免於刑戮故孔子以女妻長以兄之子妻南容莫薄已厚兄如何　對曰一女一姪嫁之先後已不可知二者皆賢弟子也不應於此分厚薄未可以私心量度聖人

問孔子之兄為誰　對曰家語不載恐是庶兄孟皮孟皮者孔子前母施氏之娣所生

問孔子父叔梁紇娶顔氏而生孔子又有前母者何

對曰案孔子世家索隱注叔梁紇娶魯之施氏生九女其娣生一子曰孟皮有足疾遂求娶於顔氏顔有三女欲以長女妻紇長與次不從其季徵在嫁之如此則施氏實孔子前母也

問孔子既有前後母兄弟還有幾人　對曰傳記他無

可攷止是施婦所生孟皮當爲孔子庶兄無疑

問以兄之子妻南容莫是庶兄之子子即女也　對曰未敢的決以爲孟皮之子但孔子之兄他無攷見而孔子止一庶兄他無可見之兄則南容之妻當是庶兄之子矣

問然此有兄無弟乎　對曰不特有兄無弟而亦有姊無妹

問其姊幾人　對曰前此施氏所生九女皆孔子之姊

也妹則未聞

問孔子愛兄則為之擇壻而敬姊之道則未聞　對曰

禮記載孔子一日尚右門人皆尚右孔子曰二三子

之嗜學也我則有姊之喪故也死且喪之其生之盡

禮也可知矣

問孔子出於顏氏而世家以為野合而生者何　對曰

案世家叔梁紇娶顏氏時年已六十有餘矣而顏氏

季女必方少艾若依周禮嫁娶之年謂老少不等簡

其婚聘之文而娶之史記不善措辭而曰野合

問夾谷之會孔子亦嘗曰野合來　對曰嘉樂不野合

此孔子止齊侯之享而語諸梁丘據者委眂於草莽

之謂也史記正義解此野合謂年齒之不相當叔梁

紇已老而顏徵在尚少也

問顏氏止生一孔子乎　對曰案世家注孔子生三歲

而孤是時叔梁紇已死矣

問孔子娶誰氏　對曰家語曰娶上官氏世家注曰上

官氏今闕里之宮止曰官氏

問孔鯉當是官氏所生　對曰必出官氏生時魯昭公

惠鯉魚遂名之曰鯉

問鯉生時孔子之年幾何　對曰案史記注孔子年十

九而生鯉

問鯉也死其壽幾何　對曰案史記注鯉年五十而亡

五字恐誤

問所言皆案史記五字之誤者何　對曰顔淵死顔路

請子之車以為之椁子曰才不才亦各言其子也鯉也死有棺而無椁如此則孔鯉先顔回而死久矣若謂鯉五十而亡則孔子之壽七十三而鯉死年孔子已六十九無是理也

問孔子其先曰宋人又曰陬人者何　對曰宋微子之後宋襄公生弗父何弗父何生宋父周宋父周生世子勝世子勝生正考父正考父生孔父嘉五世親盡别為公族姓孔氏而孔嘉父生木金父木金父生睪

夷羣夷生防叔畏華氏之偪而奔魯孔氏自此為魯人防叔生伯夏伯夏生叔梁紇

問孔子生於魯昌平鄉陬邑又曰闕里者何　對曰孔安國曰陬叔梁紇所治邑也陬是邑昌平是鄉孔子生於陬邑昌平鄉之闕里也

問顏氏禱於尼山而生孔子而曰闕里者何　對曰闕里有尼丘山山在兖州鄒城闕里又案孔子生於陬邑長徙於曲阜仍號闕里

問孔子生於何時　對曰生於魯襄公二十一年十一月庚子日庚戌年　戊子月　庚子日　甲申時載在素王世紀

問孔子卒於何年　對曰卒於魯哀公十六年夏四月己丑日

問文宣王之諡起於唐開元者何　對曰貞觀二年罷周公升孔子為先聖以顏回配四年詔州縣皆立孔子廟詔左丘明等二十二人配享開元八年詔十哲

為坐像圖七十二賢及二十二人於廟壁二十二年
初謚夫子為文宣王春秋二仲上丁釋奠

問孔氏一脉到安國凡幾代孫　對曰鯉生伋伋生白白
生求求生箕箕生穿穿生慎慎生鮒鮒生襄襄生忠
忠生武武生延年延年生安國安國生卬卬生驩驩
至是已十五代矣

問公冶長一篇多論人物恐是子貢門人所記　對曰
子貢方人恐是其門弟子記此一篇然他無可驗若

其門人所記竊意不必稱子貢恐是子貢所記而門人得之

問雍也可使南面其義如何　對曰仲弓是德行中人其才必能以簡臨下以寬御衆可以居聽治之位非孔子言豈不礙理

問孔子言礙理者何　對曰只如曾謂泰山不如林放乎自是渾涵一門弟子欲使之南面聽治如王侯終是此言有礙

問然則非夫子之言乎　對曰其言必有所為喪欲速貧死欲速朽尚以為夫子之言仲弓雖寬洪簡重如何可使南面夫子言之必有所為

問後來孟子亦曰伊尹孔子皆可以朝諸侯有天下彼不礙理而此曰礙理者何　對曰孟子之許伊孔所謂得志則澤加於民不得志則獨行其道若孔子之許仲弓其言必有所為亞聖若顔子惟許之以四代禮樂此王佐之事仲弓非顔子比而許之以君王乎

問然此則孔子必有為而言者云何　對曰愚見當時國君多非寛洪簡重者聖人之意以謂為君而朝羣臣得如雍也氣象可也

問回心三月不違仁其餘則日月至焉者何　對曰只如小子讀書有記得隔日者有記得旬日者有記得經年者仁是心之德萬善之緫名顔子得一善則服膺弗失雖時異事殊而其心不變如諸子所守今日不保明日前月不保後月也人品學力不可強同

問澹臺滅明是何地人　對曰子游為武城宰而得此人必生武城地面武城魯之下邑當是魯人

問既是魯人如何洪州有澹臺滅明墓　對曰此難引證恐是客於洪而死也如杜甫襄州人而墳在耒江

李白隴西人而墓在采石

問牽之戰晉敗齊范文子後入孔子無取焉清之戰魯敗齊孟之反殿孔子稱之者何　對曰晉敗齊於牽在成公世係晉事魯敗齊于郊在哀公時係魯事既

與同時事且屬魯故舉目前人所共知者稱其人之不伐也

問觚不觚之義是云何　對曰作觚稜之器而不觚稜何以名器為廉隅之士而不廉隅何以謂士器要合制度士貴重名檢

問述而子之燕居何不記於鄉黨　對曰恐與子罕篇子見齊衰者一章皆合記於鄉黨當為脫簡

問束脩以上者何　對曰案禮記十脡為束脩腶脯也

古者士相見必執贄爲禮一束之脯至薄也而來意甚厚夫子感其來意未嘗不有以教也以上者上從上聲先儒集註似訓以來字

問上訓以來於義如何　對曰上者等而上之之謂來字可訓進字亦可訓自行贄見之禮以進者未嘗無誨焉但慮不來學耳在禮無往教之道也

問此章以上字與上篇中人以上上字義如何　對曰皆可訓以等而上之之義中品性資可進故語之以上

達可也若性資在中之下則語中尚未可如何可以語上

問不憤不啓不悱不發莫是柬脩一章連文　對曰此章上有子曰字當是衍文以意推之當合一章

問一隅三隅者何　對曰如說天時之春便通夏秋冬之氣如說人心之仁便識得仁義禮智之端東西南北左右前後皆四隅也舉一隅以示教而受教者不能推三以証其一則聖人於此謂其無憤悱之心

縱復告之彼終不通矣俗論所謂不能觸類而長

問孔門之學必先行而後文先道而後藝如何　對曰德行本也文藝末也成周大比之歲興賢能亦曰德行道藝道藝者心得躬行之實文藝者窮理應務之用故有先後

問孔子弟子身通六藝者七十二人何獨稱求也藝

對曰冉求之學未必於六藝皆通聖人特取其所長而稱之耳故曰賜也達由也果求也藝不因其所長

而味聖人之言則顔閔止有德行宰我子貢只會言語六藝之學全材實難

問子在齊聞韶三月不知肉味其文與世家不同者何

對曰史記三月上有音字下有學之二字一説三月是音字此義為長學之二字可無也夫樂則韶舞夫子嘗以荅顔淵為邦之問道之行也不過舉而措之齊何地也春秋何時也而聞韶音感古傷今宜飲食而不知味也

問加我數年五十以學易史記作假我數年九十以學易先儒以為五十字誤欲從史記九十以學易如何

對曰案世家是時孔子年幾七十矣五十字誤無疑葢加假聲相近而誤讀九十字與五十字相同而誤分先儒辯之久矣

問三人行必有我師其善者師之而其不善者亦師之乎 對曰此章本文自是分曉善者從而不善者改則善者必我之師也其不善者我當以之為鑒戒而

改吾之過蓋必有我師正粘下面從字玩味得之

又問然則三人之中我常居善之位安知二人者不於我而觀善不善乎　對曰已有善則人亦以我可法而從我已有不善則人亦以我為戒而改故曰三人行必有我師焉此聖人言外之意

問子釣而不綱邵子以綎為釣絲之機朱子以綱為絶流之綱者何　對曰朱子之説仁恕之道也邵子之説機智之辨也然網必有綱不必絶流攔江之網獨

有是也邵子漁樵問對嘗舉此一章説綱字却有理凡釣者欲知魚之吞餌非機智不可大則用筒小則用芒或蒜榦隨水淺深繫於水之中腰以驗魚之吞否釣而不綱是不用機智耳緣下句是弋不射宿有機智之心故云　問綱字不是綱字乎　對曰朱子之説正是作綱字解知當來不是綱字乎

問論語二十篇稱君子者幾　對曰四十有二泛言者自説樂不慍而下一十有六取人者自子賤而下有

三責人者自冉子請粟而下有九答問者自子貢而下有六與小人對稱者自周比而下有八

問孔子自稱君子者幾　對曰無之君子之道四且曰丘未能一焉蘧伯玉恥獨為君子聖人之所以喜稱而樂道也

問子罕篇子欲居九夷或曰陋如之何子曰君子居之何陋之有如何不是自稱　對曰欲居之居屬夫子居之之居屬君子恐非自稱

問君子為誰　對曰君子之人也以君子之人居九夷
自有德禮化之不安其陋雖陋可變
問古之君子處夷方而能變其俗者誰　對曰不必他
求只說此章九夷集註可証集註曰九夷者東夷也
夫子欲居之者此乘桴浮海之意何陋之有句下注
云君子所居則化見得君子處夷方必能變其俗
問自古固有之且說處東夷者君子為誰　對曰東夷
者周朝鮮之地箕子受封於朝鮮能推道訓俗教民

以禮義田蠶至今民飲食以籩豆為貴衣冠禮樂與中州同以箕子之化也君子居之一句恐指箕子言之非孔子自稱為君子也

問孔子欲居之者為此乎　對曰佛肸召子欲往何嘗往也欲者將然未然之辭居者捨此往彼之意乘桴浮海志可悲哉

問以君子指箕子與經旨寧不穿鑿　對曰班固蔚宗史遷曾說來每憾論語一書朱子平生精力盡在是

書既有集註又有或問黄勉齋又增集義通釋趙氏復出纂疏皆不欲引證此上來慮傷於巧且只就東夷説箕子何謂穿鑿

問解論語者曾有舉一人證一事者否　對曰有且如曾子曰以能問於不能以多問於寡有若無實若虚犯而不校昔者吾友嘗從事於斯矣集註以吾友指顔子今以君子指箕子不亦可乎

問集註曰東方之夷有九種可得聞歟　對曰案後漢

書東夷傳曰夷有九種曰畎夷于夷方夷黄夷白夷赤夷玄夷風夷陽夷凡九

問所謂漢書略曽説來如何 對曰蔚宗之序論曰昔箕子逢殷衰運避地朝鮮始其國俗未有聞也及施八條之約使人知禁遂乃邑無盜淫門不夜扃回頑薄之俗就寛略之法故東夷以柔謹為風仲尼懐憤以為九夷可居或疑其陋子曰君子居之何陋之有蔚宗之論如此

問鄉黨一篇記者恐非一手　對曰記者雖不止一手
今分十七節亦有次序有散見於他篇者有重出者
有脫簡者熟讀方見
問散見於他篇者何　對曰子之燕居申申如也一章
見於述而
問有重出者何　對曰子入太廟每事問一章已見於
八佾
問脫簡者何　對曰散見者亦為脫簡闕文者亦為脫

簡

問闕文者何　對曰上下文意不接不可强解謂之闕文或者脱簡在他篇又無可攷如唐棣之華偏其反而之類是也

問先進一篇多評弟子賢否記者為誰　對曰篇内稱閔子侍側恐是閔子門人所記

問子路曾晳冉有公西華侍坐夫子使之各言其志而子路先言者何　對曰子路於三子年最長年長者

先言

問年長者先言夫子哂之者何　對曰非哂其年長敢率爾而對也其言不讓故哂之

問求也赤也所對雖謙夫子皆無許予而獨與點者何

對曰三子皆規規於事為之末點獨脫灑於理趣之間夫子所以歎息而深許之

問周以建子為正暮春者今之正月尚寒而浴者何

對曰王禄村先生講義以為四子言志之日實魯哀

公十四年夏五月也夏五月即今之三月也蓋自古三月上巳祓除不祥故點也托言春服既成浴乎沂而盥濯也非澡浴之浴

問何以攷其為哀公十四年夏五月實為今之三月乎

對曰稼村十四年之攷必有所據然十五年子路死於衛如此則十四年子路猶在孔門不知同三子言志在當年何月而言志之後即仕於衛不可攷也

問稼村謂四子言志之時在夏五月然乎　對曰不曰

周之夏五月則無以見是暮春此先生於杭州府學講此一章必攷究精詳方敢以此教人

問顔淵篇三子問仁莫是同時之問而記者先後之如何　對曰顔淵仲弓是同時問故皆有不敏之對如司馬牛問仁與問君子恐又是一門人記之觀其序牛之兩問及憂無兄弟之章意必子夏門人記録

問何以知得是子夏門人　對曰當時子夏嘗解之曰死生有命富貴在天君子敬而無失與人恭而有禮

四海之内皆兄弟也以此見得恐是子夏門人所記

問子夏之言子夏能行之乎　對曰子夏以朋友之義

設為恭敬之言聊以寛牛之憂耳言之惟艱行之惟

艱

問然則子夏之言無足取乎　對曰非也子夏哭子而

喪明胡不以寛牛之意而自寛也哉謂申公巫臣其

自謀則過矣其為人謀也則忠子夏之學每先其小

者而濶畧於大者謂此

問如何是克己復禮為仁　對曰克己者有我之私皆
當克去復禮者己私克去天理復還為仁者萬善皆
備於我此時方見得心具衆理而應萬事也
問如何便會天下歸仁　對曰己能盡孝願孝者歸之
己能盡忠願忠者歸之千萬人同此一心千萬人心
同此一理未克之時隅比隣而分爾汝亦既克之則
天地萬物莫非吾事
問四非四勿如何　對曰此是懲忿窒慾工夫道未至

於聖人不無待於禁止

問子張問崇德辨惑樊遲又添一修慝為問者何　對曰崇德修慝辨惑當時畢竟有此等常談蓋德如何是崇惑如何辨明樊遲添一修慝為問故夫子喜其治己而以善哉問稱之

問子路篇樊遲學稼圃其意謂道之不行不若田園之為樂何孔子責之之深　對曰此遲務外規利并大就小之見謂學稼則必有禾學圃則必有蔬未若正

誼而利不敢謀明道而功不敢計夫子既荅以吾不如且俟其出而責之以小人也

問責遲以小人則不得為君子乎　對曰此小人只是小小器量葢小人每作一事必先計利無利於己必不為也譬今之勸人讀書謂讀書可以做官書讀矣而官不可得於是讀書者少此解餒在其中之意却不是以小人對君子説

問微生乞醯之直與此篇葉公攘羊之直如何　對曰

乞醯其情雖直而其事則流於曲攘羊其事雖直而其情則流於曲謝上蔡曰順理為直二事雖皆可言直惟於理則不順也

問憲問一篇胡氏以為原憲所記者何此問未是詳見後對曰首章稱憲問恥若憲門人所記則必不稱憲矣然經書子書篇名只就起頭摘兩字名之亦無大義理諸子非是記録因憲問恥一章居首就以名篇論語分為二十篇出於漢儒之繆誤

問邦有道穀邦無道穀皆曰恥也者何　對曰先儒曰
邦有道不能有為邦無道不能獨善不計時之治亂
而但知食祿皆可為恥似作兩恥字説
問先儒之説然乎　對曰先儒訓解後學何敢輕議
問聖人言近旨遠但要説得通理不害為互相發明
對曰聖人之言本自明白當來夫子曰何不曰邦有
道穀恥也邦無道穀恥也今文只有下面恥也字則
有道而求祿何恥之有若曰皆可為恥須添字脚

問然則邦有道求祿可也邦無道則當知恥而勿求

對曰邦有道則朝廷清明賢能進用仕而食祿可也大畜卦辭曰不家食言無所謂恥若君闇臣昏刑政繆亂是謂無道之邦於此而求仕食祿焉君子恥之否卦之大象曰不可榮以祿蓋謂是夫

問孔子稱管仲如其仁先儒訓誰如其仁者何此仁之功用是一事之仁不是全體大用之仁

對曰此章作兩說看一說謂如管仲其人亦可謂之仁一說謂名忽之死得為仁管仲

雖不能死而一匡天下民受其賜仲之仁亦如忽之仁也其字指名忽

問仁之為道莫是各行其志只要安於理義如何 對曰仁者心之德愛之理出處進退死生去就思不悖於理而無愧於心殷之三仁一去一死一囚無非愛君之道召忽見子糾之殺則策名委質不得不死管仲自恃將來必能立功贖罪可以求生而不害於仁終不及三仁公平正大通乎此則可論荀彧之仁矣

問荀彧之仁王通氏稱之司馬公稱之其仁如何　對
曰齊桓行若狗彘管仲不恥而相之蓋將大庇生民
也曹操陰賊險虐荀彧輔之凡操之暴逆皆不能救
迨建安七年董昭議加操九錫而彧乃飲藥卒是終
日與盜賊言談而不知盜之心事者愛之理固有心
之德則無也曰忠可也未知焉得仁
問夫子語曾子一貫與此篇一以貫之旨意同歟　對
曰一貫體用雖同第告曾子者以道言此告子貢者

以學言曾子一貫是一理萬事子貢一貫是萬事一
理道本一而散於萬學通乎萬而歸於一

問十五篇中不曰如之何如之何者意義如何　對曰

夫子必有為而言且如事變之極當思其變之所從

來不原其初而遽欲圖其變之定恐變未易定而將

來之慮殆有甚焉雖聖人無以善其後

問第十六篇三樂三友三戒三畏九思非一時之言

對曰記者類集而各為一章也但此篇稱孔子曰者

十節不稱子曰而稱孔子曰非弟子門人記録之體

洪氏以此篇爲齊論豈其然乎

問第十七篇性習近遠而智愚有不可移者何　對曰

惟聖罔念作狂惟狂克念作聖如何不可移夫子之

言特以言夫智之上者與愚之下者皆氣質之性

問匏瓜亦曰繫而不食者何　對曰匏瓜苦瓜也中乾

則可為器而不食事見匏有苦葉詩篇音之中有匏

蓋笙類也聖人體道大權以天下無不可變之人而

卒不為公山之往者知下愚之决不可移也匏拘一器君子則不器

問微子篇逸民伯夷叔齊虞仲夷逸朱張柳下恵少連恐是十六篇作者七人如何　對曰李氏解謂起而隱去者七人不可知其為誰必欲安排七人以實其事則鑿矣

問第十八篇多記隱逸之事恐是記者類聚成篇　對曰聖人之於隱者皆欲誘而歸之於中道而於三仁

之事猶有感焉記者類集以見聖賢之出處

問第十九篇多記子貢之言子貢次之而名篇子張者何　對曰第一章有子張曰故就以名篇

問言多子貢子夏所記必二子門人　對曰二子門人所記必不稱子貢子夏矣采録者因類聚以入此篇

一以著子夏為學之篤實一以著子貢推尊聖道其功為多必曾子門人記之有曾子曰故也

問子夏之學篤實者何　對曰子夏之門人知灑埽應

對進退尤見大學之道當自小學而入是時學校已廢而黨庠家塾尚有存者致遠恐泥之言博學篤志之論學以致道之說皆實學也

問子貢推尊聖道者何　對曰衛公孫朝不知仲尼所學子貢以文武之道語之叔孫武叔謂其賢於仲尼子貢以宮牆譬之陳子禽且以為恭又多方而喻之及叔孫之毀仲尼而子貢喻之以日月而責其不知量其有功於聖門多矣又以如天之不可階而升三

言一節高一節可謂善言聖人矣

問弟子問政多矣未有如荅子張之問何其詳與 對曰觀孔子荅顏淵為邦之問則知聖門講明之實學發於事業即可見矣觀此篇荅子張從政之問則知聖人之為政大體實用雖帝王之治不過如此所以記者錄於終篇以繼帝王之治

問知命知禮知言記之終篇者何 對曰知命則死生窮達可以自信知禮則出處進退辭受語默可以自

立知言則是非臧否多寡游屈詖淫邪遁皆不能隱

可以觀萬物之理可以讚天下之書故記者以此終

篇

補里仁篇閔貧賤不以其道得之弗去也貧賤豈有以

道得之者况又可去乎

對曰貧賤有自取之道如

好賭博酒色之類以致貧賤此當改其所為求以去

之如疾病水火盜賊之類以致貧賤此非所當得天

之所付與當然故安貧賤而不去也

十一經問對卷一

十一經問對卷二

元　何異孫　撰

孝經

問孔子與曾子論孝之言何不附論語而自立一經者何　對曰論語是七十二子門人所記孝經止是曾子門人所記故中閒稱仲尼居曾子侍

問曾子述孔子之言門人記之即自名曰經如何　對

曰史記曾子傳曰孔子以曾參通孝道與之共作孝經此言尤其刻畫班書藝文志亦曰夫孝天之經也地之義也民之行也舉大者言故曰孝經就本書中自有孝經兩字而為書名況聖人之言乎

問孔子當來如何獨與曾子說者何　對曰曾參篤於孝與諸子不同故聖人因其材而篤焉且如孝哉閔子騫只是人不間於其父母昆弟之言一節而已子路亦止是負米一事子夏子游孟武伯亦只是問第

一畨來獨曾子能言而身踐之所問節次條理孔子所荅婉而成章故門人得於曾子之傳授遂録以為書也

問七十二子中如曾子一書七篇有本孝有大孝事父母等篇何言孝之詳邪　對曰初疑此書非曾子所著及觀董仲舒對策所引尊聞行知為曽子言始知為曾子之書孝經是孔曾問荅之言此書乃曾子自著之書孝經以孔子之言故稱經此書乃曾子之作

故列諸子

問經書遭焚滅之後不審孝經出於何時　對曰魯共王壞孔子舊宅得古文論語孝經漢文帝時論語孝經皆置博士則此書之出已在前矣

問博士者何　對曰如今之主學教授也博學者為之自設官之後有博士江公少府蒼諫大夫翼鳳各以孝經名家

問孝經序是誰作　對曰唐玄宗作天寶三載詔天下

家藏孝經故注及序此所謂以孝治天下論文章抑末矣

問十八章次序亦玄宗為之否乎　對曰天寶間所定第逐章所引詩句多與經文不合恐是本經博士逐章附以詩句有孔曾荅問所引者有後儒附益者篇章之次則天寶也

問或曰孝經說喪禮多自禮記中來　對曰禮記喪禮多出於漢儒安知不自孝經而出故孝經之立名聖

人不過說孝之大經而喪親一事聖人亦不過言喪禮之大節至於儀文度數有待於後之人以此見禮記中事為品節皆大經中節目也

孟子

問論語一書不號孔子孟子一書就號孟子者何　對曰論語是諸子記諸善言而成編集故曰論語孟子是孟軻所自作之書如荀子楊子故謂之孟子

問書而稱子者何　對曰子者男子之通稱自鬻熊子

著書後有七十二子皆以所學自成一家言故賢者
著書稱子
問論語以聖言而列諸經孟子以子書而亦列諸經者
何　對曰孟子之書推尊孔氏而孔子之道傳之孟
軻後之論道者一則曰孔孟二則曰孔孟故其書亦
列諸經
問孟子七篇是為今本趙氏序又曰外書四篇者何
對曰趙氏固已云其文不能閎深不與内篇相似恐

後人依倣而作之者性善辨文說孝經為政今雖不存而四篇大義覩內篇足矣

問趙岐解注程朱多不取之者何　對曰六經論語孟子前後凡經幾手訓解宋諸儒不過集眾說以求一是之歸如說易便罵王弼講周禮便責鄭玄賈公彥解尚書便駁雜孔安國傷乎已甚畢竟漢儒亦有多少好處趙岐在夾柱中三年注一部孟子也合諒他勤苦

問夾柱中注孟子事願聞其詳　對曰案趙岐本傳岐京兆長陵人年已五十因恥疾宦官數為貶議中常侍唐鉉為京兆尹收岐家屬陷以重法岐變易姓名與其從子揞逃竄嘗想息於濟岱之閒有安丘孫嵩年二十歲見岐察其非常人密問之岐以實告遂與同載而歸藏之複壁中岐隱忍困阨者三年注成孟子數年後宦官唐衡鉉輩死因赦乃出

問梁惠王元稱魏國今稱梁者何　對曰魏本都大名

被秦侵迫割地賂秦不得免焉遂徙大梁故稱梁於孟子之書王其僭號

問稱惠王者何　對曰惠謚也孟子之書作於惠王死後故稱惠王不但作於惠王死後且在梁襄王死後故稱惠稱襄

問首篇先自叙出處者何　對曰梁王以重幣招賢者故孟子至梁歲月可攷也君子之仕也欲行其道賢者非其招而不往若不待其招豈所謂孟子哉

問然此則孟子見梁惠王見字何音　對曰當音現下見上曰見兩相見曰見王以幣禮聘賢而孟子受聘而至則有臣見君之禮非兩相見也

問梁惠王利國之問意謂賢者必有益於人之國而孟子非之者何　對曰戰國之君只理會富强之術安識所謂仁義道德遠方一賢者方得見君不先攻去其利欲之心何以發揮所學故先之以仁義不仁不義利於何有

問孟子仁義之言莫不自師友講究中來　對曰孟子師子思時嘗問牧民之道子思曰先利之孟子曰君子教民亦仁義而已矣何必曰利子思曰仁義固所以利之也見得君仁莫不仁君義莫不義纔說利之一字便起爭奪故子罕言利

問梁惠王立於沼上謂孟子曰賢者亦樂此乎齊宣王見孟子於雪宫王曰賢者亦有此樂乎皆稱賢者何　對曰賢者有德之稱君自稱賢寧不倨傲以賢者

稱孟子則非君稱臣之禮今案孟子所對即非君稱

亦非稱己緣惠王嘗稱孟子曰叟宣王嘗稱夫子來

問孟子對曰有人不得則非其上矣句讀如何　對曰

有字是句人不得則非其上矣是句問謂人之賢者

亦必有此樂孟子對以安居樂處人之所願有者若

不得安處之樂則必誹議其上矣或曰有人當作人

有

問不得而非上者非也為民上而不與民同樂者何

對曰凡民不得安居而怨其上者此皆不知命有貴賤之分而為人上者高居廣廈而不恤百姓又豈得為是乎

問齊宣王欲毀明堂不知戰國侯邦皆僭王而有明堂乎　對曰王號既僭則制度禮樂無所不僭矣

問司馬公李泰伯皆不取孟子勸諸侯行王者何　對曰周室陵夷王道墮廢孟子急於救世諸侯有能行王政何幸身親見之故對齊宣明堂之問曰夫明堂者

王者之堂也此一句是責其僭王之實

問責其僭王而有明堂何不聽其毁而又戒其勿毁者何　對曰孟子之意若謂既僭王而作明堂所宜遵王道而行王政夫勸之毁者正義也而戒之勿毁者豈望其因僭王而行王政哉不然竊虚名而無實政雖大開明堂吾未見其有朝齊者故曰王欲行王政則勿毁之矣何勸為

問明堂之制如何　對曰鄭氏周禮圖環溪吴氏本制

圖可攷且說孟子

問王政可得聞與王政者何　對曰孟子所舉文王治岐之事是已能行此即是王政文王但知行王者之政且未嘗稱王而有明堂今不行王政而保國之不暇又何有於八窻重屋之明堂哉

問教玉人雕琢玉者何　對曰君子之仕也行其道也豈能更徇時君之所好而詭御獲禽哉夫善琢玉者良工也有璞玉而命工以琢出璞而後見玉琢磨而

得成器良工之名未易得也而玉之主者終日而監之又多方而喻之吾未見其為愛玉也

問其為氣也至大至剛以直養而無害近世有以直為上句養而無害為下句若何　對曰陸氏曰其氣至大則從而養之以至大其氣至剛從而養之以至剛夫是謂之以直養而無害程子曰以直道順理而養之是已無害者謂不可以外物害之若貧富貴賤一動其心則害於正氣矣至大至剛是句以直養而無

害是句

問高見如何　對曰理不勝欲德不勝色則至剛者屈於柔貧而思富賤而欲貴則至大者局於小此不能順理而養之皆為心害

問其為氣也配義與道無是餒也如此則氣雖剛大又須合道義而後無餒焉如何　對曰配合也惟至剛故配義惟至大故配道義有斷制屬剛道能包括為大無是餒者足乎己無待於外之謂也蓋道義出於

性而氣主於心其剛處合義大處合道順此理而養之但見充拓浩然而處事不至於疑懼所謂無是餒也

問既配義與道又曰集義所生而不説道字者何　對曰集義所生即是配義與道集者事事皆合於義真積力久自反常直可以觀所養氣矣却不是區處一事偶然當理就事上掩襲得來故曰非義襲而取之者此語正是闢告子外義之非

問必有事焉而勿正心勿忘勿助長如何點句　對曰

上下必有闕文先儒到此亦難定奪無非強觧

問市廛而不征法而不廛又曰廛無夫里之布者何

對曰此章合兼前關譏而不征與周禮載師參看廛

者願受一廛是也廛市宅也賦其市地之廛則不復

征其所賣買之貨又或治之以市官之法則不復賦

其廛周禮宅不毛者有里布謂不種桑麻者罰之使

出一里二十五家之布戰國之世一切取之市宅之

民已賦其廛而征其屋稅又令出此不種桑麻之布

孟子勸其君廛則不必征法則不必廛廛則不可又令出布

問當時之布比今時之布如何 對曰在周為布在漢為錢幣在宋為關會在今為鈔也案地官載師鄭氏注云布廣二寸長二尺亦出民間但憑官司印信其上以為貿易之幣氓詩抱布貿絲是也

問抱布貿絲安知抱布帛之布以易絲乎 對曰陳堯

峰所解氓詩正如此堯峰被一抱字所惑所以解到布帛上來布賤絲貴貿易不便不若用夫里之布其義可通

問周之布帛恐戰國時不復遵用周制　對曰如何見得戰國之君尚賦民夫里之布尚可遵周

問滕文公篇許子以粟易冠又以粟易鐵如周詩握粟出卜之類恐是時布已不行　對曰如今市閒布賤鄉村無鈔者用穀粟豆麥之類

問終篇又有所謂布縷之征者何　對曰五畝之宅二畝半在田二畝半在邑田種五穀宅之牆下種桑有園則蓺麻詩曰蓺麻如之何又曰丘中有麻則布縷固有征矣如絲絲貢於上禹貢有絲枲之貢七月之詩曰載玄載黄為公子裳則絲是獻於公上可知

問粟米力役之征如何　對曰粟米是十一之賦力役是用民不過三日之役布縷征於夏粟米征於秋力役征於冬然三日者不兼征也

問何以見得不兼征　對曰周禮地官均人凡均力政以歲上下豐年三日中年二日無年一日凶札無力政此力役之不輕賦也如粟米布縷必有輕重故孟子曰用其二而民有殍用其三而父子離

問百畝之田內十畝為廬舍而五畝之宅集注以為二畝半是田二畝半是宅者何　對曰百畝之田是八口之家者上農夫次食八人是也五畝之宅是一夫所受之田田在野而宅在邑邑是井邑非今之縣邑

也

問分田制祿之法請野則九一而助國中則什一使自賦者何　對曰八口之家受田百畝此則一夫所受之田也如有弟謂之餘夫又待其年十有六而成丁別受田二十五畝又俟其壯而有室乃受田百畝當改之當時自有閒田以待餘夫若一夫及餘夫或死則田必歸公又有餘田而其父母妻子又必別有以養之也

問八家皆私百畝同養公田公事畢然後敢治私事如此則是用助法矣如徹何　對曰此周用助法也助之法恐以為卿之世禄貢之法則歸之公上如大元官制承宋職田佃者但為官員耕作每歲照頃畝俸禄納之州縣官所謂民田自係税糧

問離婁上孟子曰不孝有三無後為大孟子必有子而後有是言也子為誰　對曰傳記偶未有所攷也

問公孫丑上王使人問疾醫來孟仲子出對豈其子邪

對曰趙氏以為孟子之從昆弟非子也

問孟子之父名何而其母則誰氏也　對曰俱未有攷

史記本傳止載孟子幼孤而母教之以三遷之訓孟子先貧後富喪葬之禮母喪踰於父喪而趙岐序文又曰喪母而歸葬於魯父名母氏未聞

問孟子娶誰氏有幾子　對曰皆無所攷據如孔子則有世家又有孔子家語子思之母子白之母亦見於禮記獨孟子作七篇書子為父諱故不載父名而母

之氏亦不著況妻乎且未必有子故曰古者易子而

教又曰父子之間不責善

問梓匠輪輿何義　對曰梓人匠人輸人輿人考工記

梓匠木工輪輿車工

問毁瓦畫墁何義　對曰既巳壁瓦而復毁之既巳杇

墁而復畫之則不惟前工俱廢而巳墍泥塗也杇墁

粉飾也瓦而復毁墁而復畫則主者必不食之矣

問天下有道小德役大德小賢役大賢天下無道小役

大弱役强斯二者天也其義若何　對曰古注今解皆詳於小役大弱役强而小德役大德小賢役大賢意義未盡古注加一於字解已失本旨今注著一位字說惜乎語焉不詳

問古注失本旨今注語焉不詳者何　對曰天下有道朝廷清明君臣分定為人上者德雖小而可以役使大德所謂賢於人者亦小而可以役大賢易離卦六五所謂離王公陸氏翼孟謂太甲之於伊尹成王之

於周公是也

問小役大弱役強如何　對曰天下無道則不復論德論賢一切以氣力相尚小能役大弱能役強易否卦所謂否之匪人陸氏翼孟謂晉文名王於河陽吴楚主盟於中夏是也

問斯二者天也如何　對曰此當以理勢論集注謂是陸氏以天者為天數則非後之天下賤役貴暴役仁少役長亦勢而已矣

問人之易其言也無責耳矣孟子斯言謂何　對曰此章雖兩句而有四說一說謂輕易而言不擇而出有度量者一付之不足責一說謂易其言者以不曾遭人之責故爾一說謂不責輕易之言者所以來天下之言也一說謂人輕易而不自重者以無言責故也前兩說勝葢耳矣二字意義深長

問離婁下天之高星辰之遠求其故千歲之日至可坐而致告子篇麰麥播種至於日至之時皆熟兩言日

至者何　對曰千歲之日至謂冬至之日也䴵麥之日至謂夏至之日也上古十一月甲子朔夜半冬至謂之歷元苟求其故雖遠在千歲尚可推而求之至於䴵麥之種不論人工地力纔到夏至節氣不問蚤遲皆熟矣

問西北之麥秋種夏熟今之夏至是五月中氣恐麥熟久矣奈何　對曰孟子曰七八月之間旱則今五六月也歲十一月徒杠成十二月輿梁成則今九月十

月也周以建子為正則䜌麥之夏至即今之三月四月也又何疑焉

問立夏交節當言夏今至矣立冬交節當言冬今至矣何緣五月中氣而曰夏至十一月中氣而曰冬至者何　對曰至極矣夏至者日之長至此極矣冬至者日之短至此極矣非至到之至乃至極之至故夏至一陰生而日漸短冬至一陽生而日漸長

問離婁下愛人者人恒愛之敬人者人恒敬之文公上

恒産恒心皆訓常讀亦常今之小學盡從胡登反本音如何　對曰此恒字係宋真宗廟諱今已革命合依周易恒卦照十七登韻本音爲正且如正月之正去秦遠矣不合襲秦人諱政音征昭穆之昭去晉久矣不合同晉人諱昭音韶易乾卦進退無恒上下無常今老於儒學者尚有常常之讀何責小學

問萬章下孔子亦獵較者何　對曰趙氏以爲田獵相較奪禽獸以供祭祀孔子亦同於俗集注因之陸氏

翼孟云較字本作較於岳切詩所謂猗重較兮較說文音較久矣孟子借用音角則角逐之義左傳晉人角之此義為長若比較得禽多少則孔子之範我馳驅必不及魯人之所獲矣較角同音不以文害辭可也亦孟子說詩之法

問告子下君子不亮惡乎執惡字作平聲還作去聲

對曰集注因趙氏注曰亮信也君子之道舍信將安執之案亮與諒同孔子曰豈若匹夫匹婦之為諒也

又曰君子貞而不諒諒者信而不通之謂也孔子以言必信為小人孟子以言不必信惟義所在為大人蓋亮之為信不奪於權也君子所以不亮者非惡於信也惡於執也故孟子又曰所惡執一者為其賊道也舉一而廢百也有子曰信近於義言可復也陸氏翼孟說此一章有理

問篇末序堯舜湯文孔子與論語序堯舜禹湯武旨意合同者何　對曰道統之傳不絶如絲綫論孟之意

聖賢同心

附孟子之娶　列女傳鄒孟軻既娶將入室其婦袒於內孟子不悅遂去不入婦辭母求去姑名軻而謂之曰夫禮將上堂聲必揚所以戒人也將入户視必下恐見人過今子察於禮而責於妻不亦遠乎孟子遂留其妻君子謂孟母知禮

大學

問大學之書古來已自成一書否　對曰此書是禮記

中一篇與中庸一篇河南二程子表章出來作兩書讀

問大學何以名篇　對曰此大人之學也自格物致知誠意正心修身齊家治國平天下窮而在下講明此學者也達而在上推行此學者也故以大學名篇

問既是大人之學而十五歲入大學者何　對曰三代盛時自王宮及於國都以及閭巷莫不有學人生八歲則自王公以下至於庶人之子弟皆入小學而教

之以小子之學灑掃應對進退是也及其十有五年則自天子之元子庶子以至公卿大夫元士之適子與凡民之俊秀皆入大學而教之以離經辨志修己治人之方今大學一書即教之綱領條目也

問小學之教必自八歲而入者何　對曰古昔盛時人之子自六歲教之數與方名七八歲教之以出入飲食侍長敬讓九年教之以數目十年始出就外傅學書記肄簡諒審此則幼時先已習於家矣八歲入小

學者想是姓名既附籍小學須延師或就附學以教之即非八歲以前皆未發蒙直有待於入小學而方學也

問自小學入大學他日只就此求其成材否乎　對曰入小學者方教之以小學之規入大學者始教之以大學之道所謂成材則秀選俊造蓋有漸也

問然則人材又不能自大學出乎　對曰古初人才運無速化求無速得初焉處比閭族黨家有塾黨有庠

族有師乃以屬民之有德行道藝者書於有學三年大比鄉舉里選興其賢者能者升於司徒秀選俊造論定而後用所謂大學者收小學之成功任賢使能方見其修已治人之學

問小學大學不知後來何以廢　對曰周衰學校皆廢大學既廢小學亦不復存戰國之士皆散為諸侯客至漢開設學校亦無理會德行道藝所謂明經所謂孝廉及其入選不為文學掌職則為郡縣小吏兩漢

以來何曾就學校中得人材唐取士之科又不過以進士求人材矣

問大學第一章何以知為孔子之言而曾子所述　對曰聖人言近旨遠綱舉目張首三句是一書之綱領其下八者之條目自本而達末沿流而泝源意脈通貫整齊不亂非聖人不能及故文公朱子斷以為孔子之言而曾子述之也

問其下十章又何以知為曾子之言而門人所述　對

曰以傳之六章有曾子曰知之也曾子述孔子之言門人述曾子之言曾子所述以其稱子曰知之門人所述以其稱曾子曰知之如論語首篇有曾子曰先儒以為曾子門人所記

問大學之道如何　對曰大人之學所學之道也自格物致知誠意正心修身至於齊家治國平天下此學之所以為大所謂道者盡在此八者條目中

問此章不先言此八者條目而首之明德新民者何

對曰修身以上皆明德之事也平天下以上皆新民之事也明德新民皆當止於至善此二句乃大學之綱領

問三句皆以在字提頭者何　對曰在明明德者道在於修己在新民者道在於治人在止於至善者明德新民莫不各有當然之則求至於善而止也

問明德之上又加一明字者何　對曰上明字明之也下明字本然之明也蓋人之一心本來虛靈不昧但

為氣質所拘物欲所蔽故本然之明有時昏昧不可不明之以復其初也

問親民作新民者何　對曰程子之言也以傳之二章日新作新而親字為誤

問民安有新舊曰新者何　對曰習俗之汙染也大學之道在乎修己治人明德修己也新民治人也盡己之性又盡人之性與中庸率性之道修道之教言異而理同

問二者皆在止於至善者何　對曰修己治人二者莫不各有當然之則如父慈子孝君仁臣敬兄友弟恭朋友以信之類道至於此而無以復加盡善而止也

問定靜安慮四字之義如何　對曰一事之物莫不有理理得於心則定心定則靜靜則身安身安則應事接物言中倫行中慮矣

問本末始終先後者何　對曰自格物至於平天下八者條目自本而末由始而終有先與後也自天下平

而上泝於物格八者條目循末而端本即終而原始觀所後而知所先也

問八者條目而總結以修身為本者何　對曰正心以上皆所謂修己之道齊家以下皆所謂治人之道本立於此效隨於彼故曰壹是皆以修身為本

問經之結文止曰本末而不及終始先後者何　對曰先言本末總八者而言只言本末但舉身與家而包括七者在中

問菉竹之義淇澳詩作綠而此為菉者何　對曰非竹也草而名曰綠竹猶花而名曰石竹也

問衛之淇園多竹故先儒曰竹而以草名之者何　對曰讀采綠之詩詳其句解而知為草而非竹也

問人皆曰竹而獨名之以草者何　對曰采綠之注毛氏傳曰綠木賊爾雅曰菉蓐草陸機草木疏云此草生於淇澳之旁土人號為菉竹莖葉似竹青綠色其性澀礪可以洗魫笏利於刄錯綠竹名義如此

問然此則興下文有斐君子如切如磋如琢如磨不亦遠乎　對曰以緑竹為竹則遠以緑竹為草此詩人之本旨也何遠之有

問以竹言則莫切於衛曰遠者何　對曰此其所以為遠也且詩之首句方說瞻彼淇澳菉竹猗猗而第三句便風吹别調歌詠武公之文章以治玉石工夫比之則亦無所用於竹矣詩人比興必不如此國風諸詩以草木寄興者不少意脈必相連也

問既不以綠竹為竹則此草之施於切磋琢磨如何

對曰草木疏固云此草生於淇澳土人號為菉竹以

莖葉似竹澀礪可以洗魷刅利於刀錯蓋有不刀鋸

而切不鑢鐋而磋不錐鏨而琢不沙石而磨惟其有

之是以似之故曰如

問有斐君子一句意義如何　對曰衛武公君子也其

文章斐然者道問學之功也如菉竹之刀錯有骨角

之切磋玉石之琢磨成器而文采呈露也

問瑟僩赫咺者何　對曰瑟僩者嚴密剛澤之貌赫咺者宣昭光大之名

問如切如磋曰道學如琢如磨曰自脩者何　對曰道學者言其講習討論之功自修者省察克治之功有精有粗也

問淇澳言綠大學言菉字義如何　對曰淇澳之綠則本夫土人稱號之名故字從綠大學之菉又以見菉本草名知此草之本非竹也

問人莫知其子之惡者何　對曰此愛心蔽之也愛之之深則不喜聞其過人縱言之其父母亦不信是以其子恃愛而驕驕而縱縱而為惡其父母必不知也溺於愛而不知所謂之其所親愛而辟焉甚於譽兒之癖也

問莫知其苗之碩者何　對曰此貪心害之也十囷不足而望百百囷不足而望千千而又望百億及秭愈有而愈貪愈貪而愈不足

問未有學養子而后嫁者何　對曰女之未嫁也功容言德而已所謂鞠育顧復之道保抱攜持之事安用語之哉嫁之後有子則如保赤子心誠求之固不待學而能雖不中不遠矣

問絜矩之道如何　對曰絜度也矩所以為方者今木匠曲尺是也匠之造屋室器用也上下四方必使之均齊平正所貴乎治天下國家者與民同其好惡使萬物各得其所相安於顧分之中以己之心度人之

心如以矩而度物使上下左右前後均齊平正也

中庸

問中庸何以知為子思作　對曰如孔叢子穆公謂子思曰子之書所記夫子之言或者謂子之辭子思無他書可見是必中庸況鄭本司馬遷鄭氏去古未遠必有所據而云

問中庸作於何年　對曰周威烈王十七年魯穆公顯立始尊事子思用公儀子為政泄柳申詳為臣子思

於是作中庸

問子思何以作中庸　對曰中者天地陰陽之理

問中庸何以為子思作　對曰中者天地陰陽之理人得之以為心者故劉子曰民受天地之中以生帝王傳授以為心法自堯舜禹湯文武周公其傳幾泯焉子思子憂道學之失其傳而作也

問庸字於經書中有專言者否　對曰尚書中庸字多訓用或訓功惟乾卦庸言庸行孔子繫易之辭也却

訓爲常

問不偏不倚無過不及之訓無乃太煩耶　對曰此理具在人心誠諸中而未發此是在中之義故理之不偏不倚及施諸行事一念於中故理無過不及不偏不倚是體無過不及是用

問中之義如此而庸字之訓止曰平常者何　對曰惟其平常故曰不易惟其不可改易方知是平常大凡驚世駭俗之事必不耐久終須更改如著衣喫飯只

是平常今欲變領袖襟袷之制易三餐二膳之法豈可常哉

問君子之道不出中庸而小人之道亦有中庸者何

對曰君子所以中庸者能隨時而取中若小人作事便與中庸相反所以謂之無忌憚小人如何有中庸

問篇名中庸而書中又說中和者何　對曰中庸道理也中和性情也道合乎中便是庸常之理心具此中不能無性情之天

問以中和言性情者何　對曰此理藴蓄於心未感物而動故謂之性然心兮本虚不能不應事接物及感物而動故謂之情未發時不偏不倚而知其中發而中節不悖於理不失其正則謂之和性是體情是用心統性情

問性情中止是喜怒哀樂四者如何　對曰情有七喜怒哀懼愛惡欲是也今止說四者取其句語之順而愛惡自然包括在中

問喜怒哀樂雖屬性情論性不論氣者何　對曰發而中節則心平氣和發不中節則是氣也反動其心氣是體之充心統性情人能養得性情之正故當喜而喜當怒而怒當哀而哀當樂而樂是謂情之正氣亦正焉喜非所喜怒非所怒哀非所哀樂非所樂是謂情失其正而氣為之不正焉

問大本達道者何　對曰天下之理皆從一中根源發出故曰大本君子遵道而行亦只是人所共由之路

故曰達道

問既曰達道又曰達德者何　對曰中庸是率性之道

知仁勇三德是入道之門

問達德有三而達道有五者何　對曰此達道即五者

天下之達道其大節目則君臣父子夫婦昆弟朋友

之倫五者雖人所共由然必知者能知之仁者能守

之勇者能決斷之故曰所以行之者三然知而不能

行行之不能力恐德非吾德故曰所以行之者一

問行道有得於身之謂德今又自達德而入如何　對曰所謂行道豈是望望然行得去必有知者之見識常加體察仁者之持守常恐違失勇者之力量加之堅凝而後至於道道得於身則仁義禮知四端萬善之德方為我有始由德而入道終由道而成德

問君子之道中庸而已又曰費隱者何　對曰以人心而言無一心而非道以事物而言無一事一物而非道故謂之費費者廣博周徧也然道本虛位無形迹

之可見無方體之可求故謂之隱及求而得之本此一中又只平常

問好學力行知恥三者皆言近者何　對曰人心多好而能好學則近乎有知識者德念易逸而能力行則近乎體仁道者至如恥辱之事知決擇而不為則近乎有勇而能斷又是求知仁勇之門路

問舜之知大矣仁止於顔子勇止於子路者何　對曰舜是執兩端而用其中顔回是擇乎中庸而有得於

善而弗失者子路雖非血氣之勇而義理之勇亦未合於中者故以舜言知非知之難而行之尤難以回言仁非行之難而守之尤難以子路言勇見義理之勇又合於中也

問其次致曲致曲者何　對曰其次者謂聖人賢人以下之性質也致曲者孟子所謂仁之於父子也義之於君臣也禮之於賓主也智之於賢者也曲謂性質之一偏推而致之求以全夫天地之性則是聖人之

於天道矣故至誠盡性

問至誠者能盡其性又能盡人之性盡物之性者何

對曰聖人人倫之至又敬敷五教以禮樂導民於中和使各全其所賦受先王以茂對時育萬物者此也不盡物以取不竭澤而漁如斧斤以時入山林皆不盡物之性故飛潛動植莫不得以安其天致中和天地位焉萬物育焉此聖人之功化中庸之極功也

問地一撮土山一卷石而天斯昭昭者何　對曰人處

屋宅之下窻櫺中看見些小天及出堂廳就天井中

已看見些子天若行出曠野外看但見天垂四遠無

窮無極此是說中庸之道雖愚夫愚婦可與知行及

其至也雖聖人有所不知而天地之大猶有憾也故

第十二章曰君子之道造端乎夫婦及其至也察乎

天地

十一經問對卷二

欽定四庫全書

十一經問對卷三

元 何異孫 撰

尚書

問書之名何所始 對曰書者古之史也當時事實有當記載者史官書之簡策有君臣相告誡之言者有君命臣者有臣告君者有君告民者孔子定書百篇名之曰虞夏商周之書

問虞夏商周之書孔安國序何以稱為上古　對曰安國仕漢武帝朝去古尤近稱書為上古者恐為説三墳五典八索九丘遂總以上古書

問三墳之書孔子去之者何　對曰孔子所去者必非今之三墳今本恐是宋張商英偽撰亦非左史倚相所讀者既曰上古之書何緣中間有商政典況所謂山墳氣墳形墳荒唐不經之語道家皆有之初無可取者

問三墳言大道五典言常道斷自唐虞者何　對曰三皇樸畧結繩之政未遠其事不可法於後世少昊顓頊高辛以來見於事者尚且簡陋迨今堯舜相授法度禮樂教化刑政可以示百王之軌範在萬世如見也況夫官天下以傳賢開揖遜之端故孔子定書斷自唐虞為始

問書首唐虞是已二典三謨何以皆曰虞書　對曰五篇書皆虞朝史官所述故皆繫之虞書

問堯典所載皆是堯事述於虞朝者何　對曰以小序
知之堯典之小序曰將遜于位讓于虞舜作堯典見
得是虞朝史官述堯朝之事

問典謨二字取義云何　對曰典字本從册二帝朝書
事之簡册也謂之謨者禹臯陶所陳之謨也兩言皆
舉實而稱非有褒美也

問益稷不言謨者何　對曰益稷一篇皆大禹所謀言
及益稷非伯益與后稷之謀故不得稱謨也

問篇名是史官名之抑孔子定書而名之　對曰當時史官記述之時就以名篇如詩篇相似國史收詩之時就其名詩曰某也

問禹謨曰虞書而禹貢曰夏書者何　對曰貢法是夏禹新制終篇全述貢法隨山濬川雖在堯朝而任土作貢則皆禹制故曰夏書

問或謂三聖相授一道故典謨皆曰虞書若以虞史而前述堯事則可虞史而後述禹事恐非　對曰三聖

授受此籠罩之説堯禹之事此虞史之所親見况三謨之中未嘗不載堯事非所謂下述禹事也

問左氏傳文公七年稱夏書曰戒之用休董之用威襄公二十六年引禹謨與其殺不辜亦稱夏書者何

對曰魯文襄之世此孔子未定書之名也自經聖筆斷自唐虞以下迄於周故三謨皆以虞史所述故定為虞書

問夏書首禹貢是已九州始冀州者何　對曰堯都冀

州京師之地先冀以統八州也
問冀州固為八州之統而治水亦始於冀者何　對曰
冀州屬河北地勢最下水性下流治水當自下始自
冀而兖自兖而青徐使河水歸海
問經文舊點冀州既載為句今蔡氏傳以冀州為句者
何　對曰攷下八州皆無係屬之辭當點冀州為句
下文既載壺口載者始也如俶載之載既始功於壺
口而後治梁及岐

問八州皆言四至疆界何獨冀州不言　對曰堯都冀州天子京畿不言山川四至者示王者無外也東漸于海西被于流沙朔南暨聲教此是一大四至疆界也

問治水初始於冀州其勢必先河水而後江水者何

對曰自徐而揚荆豫梁以江淮之水自梁而雍以治河之上流故梁荆之水從揚入海雍豫之水從青入海次序可攷非所謂先河而後江也

問禹制貢法任土作貢又有錫命而後貢者何　對曰揚州橘柚果蓏之奉不以勤民豫州磬錯九江大龜物不常有故同橘柚錫命而後貢不比後世地土有處必貢地土無處亦貢縱朝廷不錫命而州郡亦科需害民中間又抽解十之六七到朝廷者能幾

問冀州不言貢者何　對曰京畿千里天子所管地面尚何貢之有哉況係中中之田已納上上之賦輕重蓋有斟酌矣

問兖州之水及貢賦曰十有三載乃同者何　對曰水患惟河最甚兖州在河中流水曲流緩地平土疏故作治之功十有三載而後貢賦乃與諸州同恐不是治水之功費十有三年也

問禹别九州舜肇十有二州者何　對曰蔡傳曰古者中國之地但為九州禹治水作貢亦因其舊大河以北為冀州帝都在焉及帝即位以冀為青地太廣始分冀東恒山之地為并州及分東北醫無閭之地為

幽州又分青之東北遼東等處為營州故舜之世所

謂肇十有二州也

問後來夏商周又只九州者何　對曰舜既分為十二

州遂建有十二牧至禹又只九州作貢商時九圍九

有周亦止辨九州之域不知何時復合為九

問啓賢能繼承禹之道治迹必多而書止甘誓如何

對曰當時史官未必止此孔子定書擇其君道王事

之大者示後世以軌範也有扈氏不禀正朔必非一

日之故告教不從而六師及之自禹誓于師之後以誓名篇啓其始也可以觀世矣

問五子之歌書體也吕氏曰當以詩體觀者何 對曰詩言志歌永言勸之以九歌與夫乃賡載歌書中有詩尚矣五子之歌當同訓誥體緣五章皆是告戒之辭

問五子奉母以訓太康無救其亡滅伊尹身訓太甲卒能遷善改過者何 對曰太康盤遊無度又受制於强臣蹈其覆轍者隋煬帝也太甲中材之主伊尹是

有力量的宰相故太甲終得為賢君
問當來太甲終於敗度縱禮後伊尹何以處之　對曰伊尹相幼君身任重任到彼時必有箇處置衆人固不識也有伊尹之志則可
問太甲三篇不審是伊尹自分為三篇否乎　對曰非也太甲三篇與說命三篇相類皆是史官序述事之本末後之觀書者尚有攷也首篇述太甲不明故伊尹作書告戒中篇述太甲既改過伊尹又作書以告

使之克終下篇則專述伊尹之申誥此三篇皆史官所述非伊尹一時之言亦非伊尹分為三篇也

問然則此三篇皆伊尹訓也何必以太甲名篇　對曰師保之訓太甲之悔史官以其首尾本末非一篇可叙述且又自有伊訓一篇故名之以太甲亦見得太甲之得為太甲者始終可攷也

問太甲三篇書體謂何　對曰亦訓體也故多載太甲悔過言如曰既往背師保之訓又曰尚賴匡救之德

圖惟厥終非訓而何

問伊尹稱嗣王不知太甲所嗣者何　對曰伊川程子曰湯崩太丁未立外丙二年仲壬方四歲故太甲得立非謂湯崩六年之後太甲方立

問據程說則外丙仲壬皆湯之幼子不可立故立太甲如何　對曰孟子曰太丁未立外丙二年仲壬四年則仲壬之後方立太甲明矣故蔡傳曰太甲之為嗣王嗣仲壬而為王也太甲是太丁之子仲壬是其叔

父也此說正

問蔡傳之說雖正而成湯既沒太甲元年如書序何

對曰小序若果孔子作必不如此不合下文便說伊尹祠于先王奉嗣王祗見厥祖祖謂湯也太甲嗣仲壬為王為之後者為之子也喪三年不祭故伊尹奉太甲徧見於商之先王而祗見厥祖成湯也是以經文云伊尹乃明言烈祖之成德

問太甲三篇是訓體盤庚三篇其體謂何　對曰書篇

命名多取經文起頭要切字為題只如本篇小序有盤庚五遷四字史序又有盤庚遷于殷五字因立篇名上篇云播告之修中篇云誕告有衆下篇云歷告爾百姓此誥體也

問以臣名篇可也以君名篇者何　對曰詩稱文王書稱盤庚太甲經書名篇初不以諱

問伊訓稱元祀十有二月者何　對曰惟元祀十有二月乙丑伊尹祀于先王蓋太甲即位之明年正月也

所謂十二月者商之正月即夏之十二月也商以建丑為正猶以夏正數月亦猶周正建子而豳風七月流火九月授衣皆夏正也秦正建亥而始皇三十一年十二月更名臘曰嘉平亦以夏正數月也

問商書如太甲伊訓說命辭旨明粹何盤庚艱澀者何

對曰此三篇乃播告之言當時臣民自是通曉但未經史臣修飾故後世視為難讀如周書諸誥皆是諭臣民本來言語不比伊傅訓誥是作為之文章

問盤庚三篇先儒稱其有六善六善者何　對曰此五峯胡氏說也以常舊服正法度一也圖任舊人二也無戲敢伏小人之攸箴三也以人情事理開道人心四也奠厥攸居首以無怠為戒五也欽敘有德有謀之人而不肩好貨六也一舉而六善孔子所以取之為訓

問高宗夢得說有諸　對曰高宗恭默思道至誠感通上帝賚之以良弼尚書所載經定書之矣安得以為

無

問夢而得賢固有此理但夢自我見而以形求者何

對曰一說謂傅說之賢高宗知之久矣一旦舉而相之恐人心不服商俗尚鬼故假夢寐以神之如文王渭水之卜此舉用新進之意也

問漢文帝夢黄頭郎唐太宗夢魏徵視此如何　對曰鄧通有此富貴分故文帝夢之次日見擢船人衣服似夢中所見者遂崇寵倖唐太宗只緣思悼魏徵情

切故形諸夢寐中後來停婚仆碑心不在賢亦不復

夢矣如何比商高宗高宗之夢正夢也

問高宗一夢感天而彤日之變譴告隨至者何　對曰

天心仁愛人君故於君猶父子也恭默思道夢兆應

之享祀豐於昵旋致雊雉之異故說命之後繼之

以彤日者不從其修德銷變也

問彤日之後即繼以微子戡黎不知中宗少康祖甲諸

君無爲書者何　對曰中宗祖甲之事略見於無逸

少康以一旅祀夏未必無一訓誥今商書之亡亦多

夫子定書百篇散失其半而半存者間非全文又安

知無三君之書

問洪範乃箕子所陳不曰商書而曰周書者何　對曰

範雖箕子所陳而時則武王之時也序不云乎武王

勝殷殺受立武庚以箕子歸作洪範惟十有三祀王

訪于箕子首問其彝倫攸叙之因箕子乃言

問商以年為祀洪範序稱十有三祀所以謂當作商書

對曰序云以箕子歸歸宗周也盡在伐商之年當是恐未改商正尚稱年爲祀箕子在商未聞言及洪範迨武王訪問乃言如何稱得商書

問商受在位幾年而周伐商　對曰受在位三十二年

邵子經世書是年戊寅武王伐商

問泰誓序云惟十有一年與洪範十有三祀爭差如何

對曰十有一年者十三年之誤也以十一年爲是者則年無所係之月以一日戊午屬上文者則月無所

係之年顯見序文誤以三爲一漢孔氏司馬氏皆有十一年觀兵之說誤矣

問何以謂之洪範　對曰天地之大法人道之大經也

問何以謂之九疇　對曰疇類也大經大法其類有九

問八疇皆可用獨五行不言用者何　對曰天地五行之數非人之日用者此天道之五行也如大禹謨水火金木土穀言厚生利用此人生之五行也

問湯伐夏止湯誓一篇武王伐商秦誓三篇又牧誓一

篇何費辭耶　對曰湯放桀惟有慙德曰恐來世以台為口實後來武王果然以此作話柄況商之初人心尚古被桀暴虐有及女皆亡之怨何幸換主及周之興民情都未忘商一旦更革未便服從是雖敎諭諄複至成王時殷民猶作不靖

問大誥至多方八篇周公成王之告殷民不亦勞乎

對曰商紂虐政如火斯烈一時民心惟恐其不亡及天下大定却思念殷之先德澤在人心者終不可泯

曰民曰士皆能責備於周若非周公撫定大域以忠厚存心至再至三諄諄告諭雖曰天命愚未保其終也況書辭佶曲聱牙不敢文飾惟恐不體悉所以難讀

問湯放桀武王伐紂皆不顧義理者何　對曰俗諺云終是題目不好昔一婦人詩云吾愛嵇中散到底薄商周此伯夷叩馬之心也仲虺作訓勉湯到了不説到本色上去周書誥諭八篇仁之至義之盡只將天

命說服商民略以刑威之事震其不服歷三紀然後風移可謂勞矣

問殷民殷士義不服周而微子箕子不守義者何　對曰微子見得商必亡不可支持矣乃抱祭器歸周存宗祀也箕子本在囚所武王釋之以歸非其本志也

問書有微子一篇又有微子之命者何　對曰微子一篇是商將亡而微子告箕子比干之書也微子之命是周武王封微子之告命也

問箕子受封於朝鮮無告命者何　對曰必有之恐史官失記則書遭秦火箕子在東夷德化禮義一變其俗微子在宋雖曰王化之地而政治似不及焉命微子命蔡仲意必命箕子也

問蔡叔既違王命而又封其子蔡者何　對曰周公之意不絶蔡也若封仲於他國則絶蔡矣

問康誥其武王之書乎抑成王之書乎　對曰武王封康叔之言史官述以為書也

問何以知為武王之書　對曰以書中朕弟寡兄之言知之

問安知不是周公奉王命而稱王若曰朕弟寡兄是周公之言乎　對曰既稱王若曰則皆王之言矣周公又何必更干預以為己功乎

問或謂康叔年幼故所封獨後　對曰康叔是武王同母弟武王分封之時年已九十安有九十之兄同母弟尚幼不可封乎且康叔文王之子叔虞成王之弟

周公東征叔虞已封於唐豈有康叔得封反在虞叔之後無是理也

問康誥小序云爾者何　對曰小序係洛誥脫簡四十八字為康誥之文是以云爾

問脫簡之文云何　對曰此篇小序下云惟三月哉生魄周公初基作新大邑于東國洛四方民大和會侯甸男邦采衛百工播民和見士于周周公咸勤乃洪大誥治此四十八字係洛誥之文脫簡在康誥小序

下

問此為洛誥脫簡誰攷究出來　對曰眉山蘇氏說朱

子訂正蔡書取之

問以康誥為武王封康叔又係誰攷究出來　對曰五

峯胡氏說朱子取之

問康叔受封引史記周紀為證足矣及引汲冢周書克

殷篇以為據汲冢書又何足據邪　對曰史記周紀

雖言衛康叔封布茲未見的為武王時故再引汲冢

周書克殷篇文曰王即位于社南羣臣畢從毛叔鄭奉明水衛叔封傳禮召公奭贊采師尚父牽牲先儒引此方見得是武王封康叔也

問汲冢書是何等之書　對曰案隋經籍志晉太康中汲郡人發魏襄王塚得古竹簡書帝命荀勗和嶠撰次為八十七卷多雜怪妄其紀年用夏正載三代事不及他國特紀魏晉事終哀王蓋魏之史記也

問更聞其詳　對曰案哀王乃襄王之子惠王之孫其

載惠哀事詳又書哀王不稱其謚而謂之今王陸氏翼孟以為必淳于髡輩為之自堯舜禹以至伊尹周公無一不遭譏議宜其不識孟子

問酒誥一篇吳氏以為王若曰明大命于妹邦乃誥受故都之書自王曰封以下乃告康叔之書然乎否乎

對曰非也王若曰明大命于妹邦首先曰乃穆考文王肇國在西土蓋酒誥專為妹邦而作而妹邦又在康叔封圻之内宣明告命其責全在康叔此意實

相首尾實係一書吳氏分析甚明還非經旨

問梓材名篇者何　對曰亦武王告康叔之書緣篇中有梓材二字而立名非有他義但簡編殘斷文字不全難為訓解亦告體也

問召誥是成王誥召公書乎　對曰召公經理洛邑相宅以來實先用功洛邑既成召公作此書以誥周公欲達於王中間愛君憂國敬德保民祈天永命計慮實深長也以召公所作之書而名召誥

問洛誥一篇所誥為誰　對曰周公告卜之書遣使以成洛卜吉一事告王而王受使者復公之辭舉祀之後成王即歸于周而命周公以治洛歲月尚可攷也

問多士多方名篇之義如何　對曰多士告殷士也多方告殷民也皆誥體也蓋殷民遷洛者有位之士混在民中周公治洛初政以王命總呼為多士而告之與之更始也多方一篇為成王即政奄與淮夷復叛成王伐奄歸作此篇以誥多方自大誥至多方八篇

大槩為殷民不服而作

問君奭名篇者何　對曰召公欲去而周公留之君奭者周公尊召公之辭史氏録其告語因以名篇

問立政一篇五峯胡氏以為作於無逸之後者何　對曰立政者周公戒成王以任賢擇長之道君奭洛誥諸篇皆有沖孺幼小之稱而無逸一篇獨無是時成王長矣故無逸之戒是以知其最後此書乃周公之絶筆也

問周官一書據小序作於黜殷滅淮夷王歸在豐之後者何　對曰是時黜殷久矣何為又及初年之事小序不可信

問此篇與周禮官制不同者何　對曰周官有三公三孤之職周禮無三公三孤之官或謂師氏即太師保氏即太保然師保又屬司徒之職是未可知也

問此言六年五服一朝與周禮六服諸侯一歲二歲三歲一見者亦不同者何　對曰周官一書乃董正治

官之訓誥也莫大於師保之任又莫大於朝見之制畧舉其綱未及定為久遠之法將有待於周禮成書而周公没冬官一書亦闕可見故官制朝儀亦各不同

問君陳畢命皆以東郊為重而勉之以周公成法者何

對曰周公遷殷頑民於下都親自監之治洛六年訓誥信矣成王之命君陳康王之命畢公一則曰懋昭周公之訓一則曰命公以周公之事然則殷之頑

民居於洛者歷三公而猶費撫御也

問顧命與康王之誥本同一篇今分為二者何 對曰

康王之誥元合於顧命疑作序者分為二既兩立篇名則定書百篇之時已為兩篇矣呂氏曰顧命成王所以正其終康王之誥康王所以正其始

問昭王南征而不復穆王乃其子君牙冏命畧不言者何 對曰五峯胡氏曰楚人以膠舟進王至中流膠液王與祭公皆溺水若是則楚有不可赦之罪穆王

之心當何如哉今觀命君牙伯冏之文典雅弘奥克己求善蓋賢君也豈有忍棄君父而不動天下之兵以討之疑好事者為之耳故屈完如齊師對管仲曰君其問諸水濵恐無是事也

問平王利立己之小恩忘弑父大讎孔子定書而取文侯之命者何　對曰五峯胡氏曰幽王無道而見殺於犬戎平王乃其子所宜養民訓兵率諸侯以披其巢穴復君鎬京則可謂人子矣今觀文侯之命語平

而不切志舒而不慘忘父之讎輕棄舊都以西事委之於秦而東遷於洛邑三綱亡矣孔子定書而取此者蓋有取於晉文捍王於艱而有望於平王中興也

問吕刑非先王之法孔子取之者何　對曰蔡傳曰舜典所謂贖刑者官府學校之刑爾若五刑則固未嘗贖也穆王巡遊無度財匱民勞至其末年無以為計乃為此一切權宜之術以歛民財夫子録之蓋以示戒然一篇之書哀矜惻怛尤可以想見三代忠厚之

遺意也

問誓者天子出師之號令在魯為僭而夫子録費誓者何　對曰魯之僭禮自成王賜魯以天子禮樂祀周公始周王迹熄便有賢子孫豈容費也哉然伯禽初就封而騾當徐夷之變一旦誓師左右攻伐之節戈矛牛馬之事若老於行陣者是僭禮中又有禮焉孔子係之於周書之末者雖與魯也實傷周也

問春秋列國之君豈無能悔過者而孔子録秦誓者何

對曰自崤之敗凡四伐晉悔安在哉觀秦誓之言
蓋悔用杞子之告而輕於襲鄭若果知悔則用蹇叔
矣孟明之師不出矣文侯之命蓋周書之絶筆也不
得已而與魯又不得已而與秦聖人之志有可悲者
不然列國豈無費秦之告戒者哉

問秦誓秦之誓也費誓魯之誓也不曰魯而曰費者何
對曰費地名閔子騫為費宰公山弗狃以費畔是
也淮夷徐戎並興魯侯征之至費而誓衆故曰費誓

問費誓秦誓皆曰周書者何　對曰書稱費秦者如魯頌商頌附於周詩之末魯周公之胄也聖人蓋有望焉平王以豐鎬之地予秦而秦卒能取周之故都魯不能為東周意周之後必為秦楊龜山曰帝王誥命至此絶矣不然何以係於百篇之終

問書序其所以作者之意東萊吕氏以為皆孔子文而朱文公悉以為非者何　對曰蔡傳以為周秦間人文字有合經處中間畧有得春秋意者如武成洪範

費誓秦誓數篇東萊見一二處中有似春秋遂以為
皆孔子之書不知各篇元自有史官叙作書之意儘
自明白
問小序之文孔安國以附於各篇之首蔡傳欲以存古
聚為一篇於終者何　對曰不若附於各篇之首會
讀書人自有見趣如朱氏詩傳將序幷作一處讀書
者深為不便今見古本某人將書序寘之各篇初不
害其為蔡氏書傳也

問大序是誰作　對曰漢孔安國作朱子以為魏晉間文字西漢文粗而近古六朝文字細密愚見文公虛費辨論只據古來傳記依安國何妨況序未說巫蠱事斷以為孔氏可也

問五十八篇小序併篇末七書數目大畧幾篇　對曰共六十有四小序止係一

十一經問對卷三

欽定四庫全書

十一經問對卷四

元　何異孫　撰

毛詩

問夫子删詩之後讀詩者獨宗毛氏一家者何　對曰申公作魯詩后蒼作齊詩韓嬰作韓詩以義較之獨毛氏發明率與經合故讀詩者盡宗毛氏

問魯齊韓三家之詩不傳者何　對曰魯申公因楚元

王好詩始為詩傳元王以為博士於詩最精後以詩學授瑕丘江公數傳至薛廣德而其傳泯矣齊詩始於轅固後景鸞翼奉后蒼皆通齊詩而蒼得名傳之匡衡蕭望之梁丘賀而止

韓嬰燕人推詩人之意作内外傳全不訓解章句今韓詩外傳尚行於世而讀者絶少三家是以不傳

問毛氏單傳其學必有源流若何　對曰初孔子以詩授子夏子夏為之序六傳而至毛亨亨作訓傳以示

毛萇萇後為獻王博士自後鄭玄取毛氏訓詁未盡者續為注解號鄭氏箋至謝旻卿又為毛作訓而傳之衛宏敬仲宏因作序蓋毛氏之學源於子夏是以與五經並傳至今

問子夏既序矣衛宏復序焉何處為子夏何處是衛宏　對曰鄭氏詩譜云大序是子夏作小序是子夏毛公合作儒林傳云亦言衛宏

問既曰大序又曰小序者何　對曰大序者關雎之序

也小序者各篇之小序也蘇氏曰大序其文反復類
非一人之辭肯凡此皆毛氏之學衛宏之所集録愚
見不特大序如此若小序亦非一手故譜云子夏意
未盡毛更足成之衛宏復增於其後多失詩人之本
旨矣

問何謂四始　對曰司馬遷曰關雎風之始鹿鳴小雅
之始文王大雅之始清廟頌之始

問何謂六義　對曰程子曰風者風動之也賦者鋪陳

其事比者直比方之興者因物而起雅者正言之頌者稱美之是謂六義讀詩者隨篇求之有兼得者有得一二者

問二南之義如何　對曰橫渠張氏曰所謂周南召南者以河東則屬紂自豳以北皆爲獯鬻所取所及者向南之國江漢汝墳是也

問周名之名如何　對曰鄭譜曰文王作邑於豐乃命岐邦周召之地爲周公旦召公奭之采地武王定天

下巡狩述職陳誦諸國之詩以觀民風俗得二公德教屬之太師分而國之謂之周南召南

問國風之說如何 對曰朱子曰國者諸侯所封之域風者民俗歌謠之詩謂之風者以其被上之風化而有言其言又足以感人是以諸侯采之貢於天子天子受之而列於樂官於以考其俗尚之美惡而知其政治之得失焉

問國風何始於關雎 對曰治天下自齊家始文王風

化始於閨門關雎雖美后妃之德實所以見文王之德也聖人取以周南之首篇以明夫凡為后妃者其德皆當如是也

問文王未嘗稱王太姒安得稱后關雎稱后妃之德者何　對曰朱子曰太姒未嘗稱后此追稱之云爾武王定天下方追王太王王季文王上此則為先公然則后妃追稱也

問關雎小序止於何句　對曰止於用之邦國焉下此

則相傳為大序矣

問用之鄉人焉用之邦國焉豈非后妃之德天下化乎

對曰儀禮鄉飲酒者鄉大夫三年賓興賢能之禮乃合樂周南關雎是用之鄉人焉燕禮諸侯飲燕於臣子遂歌周南關雎是用之邦國也用者歌此詩鄉人邦國者化自邇以及遠也

問有王者之風有諸侯之風者何

對曰陳氏曰岐東之地宗周在焉故曰王者之風岐西之地為召公主

諸侯之國故曰諸侯之風

問繫之周公繫之名公者何　陝以東名公陝以西周

公　對曰李氏曰周名皆文王之風化不可繫之於

文王故周公所居之地所得之詩謂之周南而繫之

周公名公所居之地所得之詩謂之名南而繫之名

公

問王者之風謂之化諸侯之風謂之教者何　對曰周

南之詩多為文王而作故知其所以化名南之詩多

為諸侯而作故知其所以教

問周名之地實在何所　周南之化深漢有游女不可求思云云　名南之化淺誰謂雀無角何以穿我屋云云　對曰疏曰周者岐周即文王作邑於岐豐之所名者曹氏曰名即雍縣之名亭鄭譜總名之以雍州岐山之陽地名也

問春秋時有所謂周公名公者即此周名之地乎　對曰春秋之周名者則於東都受采地本此周名之名而

地非西周之周名矣

問王者諸侯之風已知之矣所謂正風變風者何　對曰上以風化下曰正風下以風刺上曰變風風者如風之動物使之變化而不自知上之人用此以風化其下鼓舞動盪而遷於善下之人用此以諷其上優游巽入而慎其非故武王以是經夫婦成孝敬厚人倫美教化移風俗至於王道衰禮義廢政教失國異政家殊俗而變風始作

問正風有幾篇變風有幾篇　對曰二南為正風自邶鄘衛至豳皆為變風

問邶鄘衛以下為風之變而豳安得變　對曰成王疑周公周公作鴟鴞之詩以貽王風遂變矣處變之道非周公孰能正之故風終於豳而繼之小雅

問變風起於何時　對曰自懿王受譖烹王失禮於是邶風變而柏舟作齊風變而雞鳴作亂國之本淫荒為大所以謂齊衛為變風之始

問十五國風次序聖人亦有意乎抑本周太師之舊而畧正之乎　對曰周召邶鄘衛王鄭齊豳秦魏唐陳檜曹此孔子未刪詩之前季札所聽周樂之次序也周召邶鄘衛王鄭齊魏唐秦陳檜曹豳此孔子刪詩之次序也比周太師舊文可以見聖人之意

問始周次召如何　對曰周太師之舊文也夫子因之蓋天下之治亂常始於閨門故首之以周南又聖賢之化有淺深故次之以召南

問次之以邶鄘衛者何　對曰家道莫先於人倫人倫莫先於父子衛禍基於衽席覃及宗社故衛居變風之首

問衛一國之風化也曰邶鄘者何　對曰武王伐紂以其京師封武庚為殷後乃三分其地置三監使管叔蔡叔霍叔尹而教之自紂城而北謂之邶南謂之鄘東謂之衛

問武庚既叛管蔡亦誅不知後來復置三監否　對曰

鄭譜曰伐三監之後更於此三國建諸侯此必封康叔之時也康叔封於衛却不知邶鄘封何人

問後此而邶鄘絶無所著見莫不是衛并之乎　對曰衛并邶鄘世次年代皆無可攷鄭譜云武王以殷餘民封康叔於衛使為之長後世子孫稍并彼二國程子曰諸侯擅相侵伐衛首及邶鄘故為變風之首者此也

問衛之變風作於何時　對曰康封七世而至頃侯當

夷王時衛國政衰變風始作

問此時邶鄘必已并於衛矣而尚有邶鄘之詩者何

對曰皆衛詩也采詩官得之於邶地者係之邶得之於鄘地者係之鄘得之於衛地者係之衛

問衛之詩不係衛而復存邶鄘之名者何　對曰衛詩而存邶鄘者罪衛之并也特分其風而係之已亡之國者葢欲存二國也存二國者首并之罪大矣

問齊木瓜之詩亦以係衛者何　對曰此必孔子之意

春秋之義不與諸侯專封也列諸衛以見齊侯之仁
茍列諸齊則齊係之行政矣城緣陵不與齊封衛於
楚丘曾謂春秋與之乎

問王風次衛者何　對曰次衛亦周太師之舊而孔子
因之夫人倫之道有父子而後有君臣宗國東遷則
君臣之義如之何而不廢乎王棄其舊都而徙東都
王城於是王之號令止及於郊與諸侯比矣然王號
未替故不曰周國風而曰王國風補傳曰衛有狄難

未幾復振周有戎禍遂至陵夷王而次衛以此歟

問王室東遷戎禍也今以為君臣之義廢者何　對曰

天子不正名諸侯不覲王朝覲會同不修包匭菁茅不入王擁虛器而號令不及於天下與列國等爾非

君臣之義廢乎

問東周戎禍諸侯有尊周攘夷者王風可不降乎　對曰此變世為之也東遷後七十八年而齊始霸使當

王室之難而任斯責可以攘狄存衛者為攘夷尊周

矣黍離之詩何由而作乎

問降王為國謂夫子為之乎　對曰春秋之作王人雖

微賤必序於諸侯之上所以尊周室而使天下之有

王也而乃至詩而降之乎王風次衛自周太師采詩

之時已然而非聖人意也然終謂之王國風春秋王

正月意歟

問次鄭次齊者何　對曰成孝敬篤厚人倫詩之本旨

也父子之倫亂而衛之變風作君臣之義廢而王風

下降於諸侯然則鄭風之變其自兄弟之倫數乎齊風之變其自夫婦之倫奈乎以鄭次王以齊次鄭太師樂章之次而夫子因之以變風發乎情止乎禮義故也

問齊雞鳴之刺固為變鄭緇衣之美亦謂之變乎 對曰詩自下而作以風乎上皆謂之變風於雅亦然周於是時能以風化下則任賢使能之詩必作於上豈至使周人美鄭武公而不美周哉武公卒而莊公殺弟

襄公淫妹兄弟夫婦之倫廢鄭次王齊次鄭謂此

問周樂次序則齊之後次以豳秦魏唐陳檜曹而刪詩次序則齊之後次以魏唐秦陳檜曹豳聖人之意如何　對曰人倫廢則哀亂之俗成中國微則夷併之禍起大壞極弊不可維持於是亂久思治變極思正故齊之後次之以魏而終之以豳者終歸於正也

問刪詩次序願聞其詳　對曰齊始霸也晉代興也齊之次當以晉而以魏者晉滅魏也魏而後唐猶邶鄘

先衛也魏唐無淫亂之詩而云變風者不過刺其褊與儉爾

問褊以地狹儉非惡德而刺之者何　對曰褊儉之過則至於吝嗇計校分毫謀利之心始急矣褊而趨利儉不適中風刺之詩作矣

問魏之變風起於何時　對曰魏風莫可攷其世次國本舜禹之都唐堯之國被聖人之化已久其俗本原今亦變者不務修德教民安於褊嗇周桓王時秦人

圍魏其地日見侵削變風始作鄭以為在平桓之世

問唐之變風起於何時　對曰唐本堯舊都之地成王封叔虞於唐南有晉水至子燮改國為晉其後當周名和共之時曾孫僖侯儉不中禮國人刺之而變風始作

問唐之後次以秦者何　對曰魏唐堯舜禹之故都至是而風亦變則帝王風教中國禮義將至於蕩然而秦乃乘之矣故次以秦言中國必將變為秦矣

問秦之先伯益者佐禹治水賜姓曰嬴氏分戎狄者何

對曰其先固非戎狄其後有費昌者為湯御周孝

王時其末孫非子善養馬封為附庸邑於秦至曾孫

秦仲宣王命為大夫始有車馬侍御之好國人美之

而變風作觀車鄰並坐鼓瑟之詩則知其為夷俗也

況六國終擯黜之而為夷也哉

問秦襄公受岐豐之時此時二南風化有存者乎 對

曰岐豐之地文王以之而興二南之化秦用之而變

戎狄之風葢雍州土厚水深其民重厚質直不為浮靡以善導之則可以興王以猛驅之則易以圖霸強毅果敢之習成而王者之風掃地矣

問周以岐豐之地賜秦不知何時方克取之乎　對曰襄公十一年僅一伐戎至岐而卒至文公始逐戎而有其地西周豐鎬故都既没於秦而周之子孫微矣

問秦之後次以陳寧不為是乎　對曰人倫既廢風俗敗壞奢儉福嗇之俗形兼并富強之風起制世御俗

之權不出於上必至於大壞極獘故陳國風有十而七為淫以陳次秦夷之也

問陳舜溈汭之後何止此耶　對曰虞閼父周陶正賴其器用與其神明之胄故封其子嬀滿於陳武王妻以元女大姬姬無子好巫覡鬼神歌舞之樂五世至幽公當厲王時變風始作至靈公極矣删詩之次以其國下於秦貶之也傷之也

問次陳者檜檜非大國亦有變風乎　對曰檜者其先

祝融氏受封於武王國於河洛濟潁之間子爵其世次莫考矣夷厲之間檜君不務政事而好鮮潔衣服逍遥過時大夫以其無所作為而去之於是檜之變風始作

問次檜者曹曹非大國亦有變風乎 對曰武王封弟叔振鐸於曹其國在雷澤之地其風重厚務稼穡介於魯衛之間又寡於患難末代富而無教乃變奢侈十一世當昭公政衰好奢而任小人曹之變風始作

問自陳以下世變極矣而亂極思治之詩獨見於曹檜者何　對曰東萊詩記曰政出天子則強不陵弱各得其所政出諸侯則徵發之煩供億之困侵伐之暴惟小國偏受其苦所以匪風下泉睠睠宗周為獨切也

問匪風思周道下泉思治又思明王賢伯者何　對曰檜國褊小而政亂國人日憂禍患之及而思王道之盛時也下泉乃曹共公之世晉文霸業方盛恃驕脅

之侮故暴虐於曹執其君分其地曹國無禮而重耳亦虐矣寧不愧救邢封衛乎

問匪風下泉二詩作於何時　對曰匪風作於東遷之前下泉作於齊桓之後

問何以知匪風作於東遷之前　對曰平王初鄭武始滅檜前乎幽王之時仲為檜君雖恃險無德而匪風初不刺仲也若以為在宣王之世則周道復興不得有匪風之思也故鄭譜曰夷厲之間者其東遷之前

乎

問又何以知下泉作於齊桓之後　對曰齊桓稱霸在莊公十五年而曹共公侵刻下民當在晉惠懐之世而晉文霸之始也以是知作於齊桓之後

問檜在夷厲之間曹當襄王之世去周公不知幾世所所謂不有周公孰能變之反正而終之以豳者何

對曰此聖人之意也謂世之不能反正以無周公故爾檜曹之後得如豳風者則亂極而治變反而正矣

春秋作於定哀之世猶望平王能反正焉終豳意深矣哉

問豳何始乎　對曰昔后稷封於邰以服事虞夏其子不窋用失其官自竄於戎狄之間公劉乃不窋之孫能修后稷之業民歸之而國成焉曰豳時則太康之世也至商之世太王又避狄之難去豳而居於岐山之陽武庚之叛周公居東思公劉居豳稼穡艱難以陳業是為豳國變風焉

問周公之詩不列之正風者何　對曰豳非周之列國周公遭變而作是詩不可言正

問周公居變所謂變而克正者何　對曰四國流言君臣相誚事變如此非周公孰能正之變而克正危持顛扶係之豳遠矣哉

問公劉之詩入於雅七月之詩不入雅者何　對曰雅言王者之事也七月之事以周公之故屈居於風

問豳秦皆戎地大師樂歌故以類次夫子刪詩降秦於

唐而挈豳以終豈意不欲同於秦乎　對曰樂歌次序季札所觀必採詩之時為之夫子降秦終豳謂世道不終窮也一經聖人之手旨趣深矣

問去邠歌豳二字異同者何　對曰在詩則此豳字他書則此邠字監韻豳亦作邠

問七月之詩皆以夏正為斷者何　對曰公劉居豳立國正當夏太康之世所用者夏正也

問何以明之　對曰八章皆是夏時只首章七月流火

一句曾謂周正建子五月節氣而有大火西流乎左傳張趯亦曰黄昏火星中大暑退此夏時也

問豳風皆周公之詩乎 對曰七月鴟鴞東山三詩是周公作破斧伐柯九罭狼跋四詩是周大夫美周公而作

問變風之後即次以小雅者何 對曰終之以豳者見周公居變之道繼之以小雅者見周公反正之功風之所以為終雅之所以為始也

問小雅大雅者何　對曰文公朱子曰小雅所係者小大雅所係者大呦呦鹿鳴其義小文王在上於昭於天其義大序曰政有大小故有小雅焉有大雅焉此二雅之所以分也

問又有所謂變雅者何　對曰文武成康之澤未隆雅安得變始於厲而莫甚於幽故厲王無道大夫刺之幽王無道大夫小國皆刺之矣

問雅有正變恐亦如風之正變然正變之中亦有小大

者何　對曰變風是下刺上變雅亦是下刺上正雅

有小大故變雅亦有小大

問小雅中厲王無刺詩而刺於大雅者何　對曰厲王

無道事關大體故刺詩列於大雅其過失小處政亦

不足刺矣

問幽厲無道其詩尚列在雅者何　對曰幽厲雖悖理

傷道而王政猶被邦國但不正耳故列之雅將何所

係哉故鄭譜以為變雅者為此

問變雅無夷懿詩者何　對曰夷王失禮懿王受僭其事起於諸侯故齊風變而雞鳴作邶風變而柏舟作變雅始於厲王是以夷懿無詩於變雅

問宣王賢君也而有變雅者何　對曰有功可美有過可規美之所以著其善始規之所以冀其有終規之箴之而不能改是以為刺美此雲漢江漢常武之美沔水之規白駒之刺所由作也

問康王無詩者何　對曰以其治同成王也成王盛治

播之雅頌康王在位二十六年宜無俟於更張周云成康信矣

問小雅季札何以言周之衰王通何以言周之盛　對曰季札觀樂適聞所刺之詩所以為衰而王通原鹿鳴以下之大吉所以為盛

問頌始於清廟者何　對曰頌者告宗廟之樂歌也如清廟祀文王執競祀武王那之祀成湯而始於文王者風雅頌皆文王之德也

問亦有祀上帝山川鬼神者何　對曰祀之時皆有樂歌所謂以成功告於神明者也

問有盛德大業者皆可歌乎　對曰頌者美盛德而告成功也雖有文王之業武王之功而無成王周公則不作也是太平之事也

問周頌皆周公作乎　對曰先王之盛德太平之樂歌非周公孰能為之

問魯頌非告神明樂歌而係周者何　對曰魯頌止是

僖公善於治魯大夫請於天子而始克作頌以美僖公四篇皆是願之之辭魯周公之胄也而有賢如僖固幸之也存魯所以傷周也

問或曰魯之頌僭者何　對曰是緣詩介商周之間故疑其僭郊禘之僭始於僖公春秋論語皆譏之今所頌者不過修泮務農宮室馬政而已初無可頌者係之周貶魯也

問王褒頌漢元結頌唐寧非魯敵之歟　對曰頌者施

於鬼神後世乃用之人君周頌商頌皆祭祀之樂章而魯乃歌美王者故漢宣治道雜霸唐肅僅能恢復兩京王褒元結皆諂者歟

問商頌只是欲存先世之祀典刪詩次序想無預焉

對曰孔子觀詩於周太史方得見諸國之詩據那篇之小序云有正考父者得商頌十二篇於周之太師夫子固刪其七矣而存其五者存先代也

問或謂宋襄公欲為盟主其正考父美之故作商頌是

歟非歟　對曰此韓詩外傳與司馬遷之誤爾合從國語閔馬父之言以為當宋戴公之世時當宣王合詩序之文為正

問又疑商時未有荆楚韓詩宋襄之說寧不其然　對曰荆及衡陽惟荆州自帝嚳以來九州有荆楚尚矣殷武謂維汝荆楚者謂氐羌來享況汝荆楚之南曷有不至哉韓詩之妄不可信也

問歌詩之禮有工歌又有升歌者何　對曰古者天子

諸侯行祭祀及燕享之禮皆有詩歌樂章以動天地感鬼神明禮敬講信睦也工歌則笙吹於堂下升歌則工歌堂下貴人聲也

問賦詩者何　對曰賦者陳誦古詩以頌人之德故左傳云歌詩必類

問逸詩大畧幾篇　對曰司馬遷云三千餘首如周禮之采齊諸侯之貍首趙襄之河水祭公之祈招宋公之新宫儒林之驪駒國子之轡柔田敬仲之車乘鄭

子駟之清河亦數首耳

問亡詩有其義而亡其辭者何　對曰朱子詩傳曰由庚白華由儀等詩皆是笙詩有其譜而亡其辭

周禮

問禮以周名者何　對曰禮樂至周大備而禮書又周公所作故曰周禮

問周公以前皆未有禮書乎　對曰舜典曰有能典朕三禮又曰脩五禮曰典曰脩意必有簡冊載記夏禮

殷禮損益相因至周遂立為建官六典孔子曰周監於二代郁郁乎文哉此之謂也

問先儒有疑非周公全書者何　對曰大綱是周公作書未全備而公没故尚闕冬官一篇今攷尚書周官其三公三孤又與周禮不合此知六典官制未及施行中閒必有末世添入者繁冗瑣屑處多漢儒增益如盟詛之屬府史胥徒之類叢雜可疑

問人以周禮為太平之書後世有舉行而不太平者何

對曰周公布置規模尚未施行公孤之官師保之職莫可攷矣所謂太平之治仁心仁政積累而成安有舉其纖悉條目五官紙上之文直謂太平禮樂在此劉歆王安石之見也唐貞觀府兵租庸調畧得井田大意何嘗不太平程子曰有關雎麟趾之意而後可行周官之法度旨哉言乎

問天官冢宰無一事關乎天曰天官者何　對曰三公寅亮天地爕理陰陽所謂輔弼共成天功者也加天

官於冢宰之上尊大臣也

問冢宰之義如何　對曰冢長也適子謂之長適宰天子宰相也宰相者百官之長故曰冢宰

問冢宰職位尊嚴宜於細務不親而無不總統者何

對曰設官之意誠慮夫侍御僕從之臣備奔走使公之職人主燕私之際與之同焉苟無以統之則或轉移其心志變易其耳目伺候以知其青奢靡以中之欲人主一墮其術則亦何所不至此天官所以兼統

宮闈自宮正膳夫酒正内宰無不總統者内朝外廷一體也

問又如外府内府玉府職内職幣等會計小職亦兼制者何　對曰有司賤職惟人主之命是從何敢與天子論當否爭是非辨予奪天子知其共而不知節是以侈心生費用大者廣矣是以悉領之冢宰得以節制其間使上無私費下無擅供王后世子不敢過取此總宰所以兼制國用也

問冢宰既兼制國用然王后世子膳飲喪服不會者何

對曰夫以一人而享四海九州之奉其用度易以侈私欲易以縱苟非會計之任各有主掌則皆爲天子之私財矣而謂王后世子不會可乎恐是用度多寡凡式存焉供財賦之有司式法持於太宰所以不會

問三百六十屬總命於六卿聽命於太宰者何　對曰

太宰建邦典於上小宰率職屬於下太宰秉權小宰

執法宰夫又警飭羣吏之治當時但見太宰居其逸小宰宰夫常任其勞是以相道尊嚴朝廷清明小大稱職百官於是乎戒懼而不敢易律紀

問周官書有公孤之職天官冡宰皆不載者何　對曰蔡書傳曰周公方條治事之官而未及師保之職所謂未及者鄭重而未及言之也書未成而公亡其間法制有未施用故與周官書異

問或謂師氏即太師保氏即太保如何　對曰以師保

之尊而反屬地官司徒之職恐無是理

問或謂公孤兼官無正職故周禮不載然乎　對曰三公論道經邦三孤貳公弘化職任之大無踰此者豈下於此者得兼乎官不必備惟其人惟三公之官不必備一公可兼也兼官之制周禮書未成故不載

問地官掌鄉老之鄉則公一人六鄉則三人矣非三公乎　對曰此天官之職載於地官者王畿六鄉六鄉而三公三公與王論道經邦中參六官之事外領六

卿之教其要為民是以屬之卿焉竊意三公官也冢宰職也冢宰而兼三公此政恐是官不必備惟其人意

問然此則是三公三爵而聯六卿之吏乎　對曰民事之重宰相有當躬親者名公為伯而聽男女之訟陳平以決獄責廷尉錢穀責内史丙吉之不親小事非天官兼統意矣

問天官之吏獨多者何　對曰藏物重故也

問甸師地官之屬列於天官者何　對曰甸師以其祭祀共蕭茅共野之薦帥其徒以給薪蒸是以列於天官

問地官司徒所職何事　對曰司徒之職掌諸侯封域之制都鄙鄉遂之法園廛關市之賦國郊力役之事鄉舉里選之書如後世掌版圖户計者

問大司徒諸公之地方五百里侯地方四百里伯地方三百里子地方二百里男地方百里與王制孟子不

合者何　對曰周雖五等封爵其分土不過三等王制一篇多增損於漢儒之手而北宫錡班爵禄之問孟子荅以其詳不可得聞所以異

問凡建邦國以土圭度其地而制其域者何　對曰度其地限其疆域地度則正其四方限則定其四至

問公之地其食者半侯伯三之一男四之一者何　對曰半者公所食租税得其半耳侯伯三分之一子男四分之一也食者食邑又謂之采邑

問地有不易一易再易者何　對曰不易之地歲可種其地美故家百畝一易之地休一歲乃復種其地薄故家二百畝再易之地二歲乃復種此說都鄙之田王子弟公卿采地也

問荒政十二聚萬民恐甚荒時方講究而行如何　對曰荒者凶年也救饑荒之政凡十有二朝廷立此定制荒則行之不待講究若待講究而後行饑者死矣

問十二政之中惟散利一條便民其餘似乎不急之務

者何　對曰經文固曰聚萬民即不止散利活民一
事也如薄征緩刑弛力舍禁去幾眚禮殺哀蕃樂多
昏索鬼神除盜賊皆是防民之散或因凶荒而為寇
盜亂男女犯刑禁耳

問正月之吉乃縣政教之法於象魏象魏何所也　對
曰象魏者兩觀之左也周禮疏謂雉門有兩觀右觀之
地乃萬民觀法於此左觀之地乃司寇戮人於此

問周制如此則百姓皆得入皐門庫門直法雉門內觀

法宫門全不禁止乎司寇戮人亦在雉門之内乎

對曰舊來周禮外朝之位圖多不合制度近年環溪

吳先生本制其圖以雉門最在外對立雉堞以立門

故曰雉門兩觀在雉門一左一右萬民觀法於此為

便當後漢時以魏闕為當塗高是矣不在外朝第一

重門何以曰當塗高既當塗則知必不在臯門庫門

之内而司寇行刑之地去路門差遠環溪本制當是

問鄉三物賔興知仁聖義中和六者何以曰德　對曰

有德之謂賢賢者必有德知無不知聖無不通仁者心之德愛之理義者心之制事之宜不偏不倚之謂中不剛不柔之謂和民有此六德卿大夫以賓燕之禮興之

問孝友睦婣任恤六者何以曰行　對曰躬行踐履之間有可見者謂之行善於父母曰孝善於兄弟曰友善於内親曰睦善於外親曰婣信於朋友曰任周於鄉黨曰恤民有此六行亦賓興矣比六德為次

問禮樂射御書數所謂藝也兼有此六者否乎　對曰此六者亦已難盡且禮有五樂有六射有五御有五書有六數有九若六藝兼全則聖人矣三年大比興其賢者能者有通一藝者有兼一二者全材難

問德行之說信矣而六藝之學曰道藝者何　對曰保氏養國子以道乃教之六藝故曰道藝孔門游藝之訓亦以志道為先由道入藝非形下之器矣

問五禮之目止是吉凶軍賓嘉五禮乎　對曰五禮之

目在春官大宗伯其别三十有六吉禮十有二凶禮五賓禮八軍禮五嘉禮六

問吉禮十有二者何　對曰禋祀禋烟也玉帛燔燎升烟以祀昊天上帝　實柴實牛柴上積柴實牲體以祀日月星辰　槱燎積薪槱燔燎升烟以祀司命司中風師雨伯　血祭陰祀自血起貴氣臭也以祀社稷五祀　沉貍音埋山林用貍川澤用沉　副辜副牲胷也副而磔之謂磔禳及蜡祭以祭四方五祀　肆

獻肆音滌 肆者進所解牲體獻者獻醴謂薦血腥以祼享先王 饋食 祀春 禴夏嘗秋 烝冬四時之祭皆以享先王此為吉禮十有二

問凶禮五者何 對曰喪荒弔禬恤所以哀邦國之憂喪禮以哀死亡荒禮以哀凶札弔禮以哀禍烖禬禮以哀圍敗恤禮以哀寇亂此為凶禮五

問賓禮八者何 對曰朝宗覲遇會同問視春見曰朝夏見曰宗秋見曰覲冬見曰遇時見曰會殷見曰同

時聘曰問殷頫曰視此為賓禮八

問軍禮五者何　對曰師均田役封大師用衆也大均恤衆也大田簡衆也大役任衆也大封合衆也此為軍禮五

問嘉禮六者何　對曰飲食婚冠賓射饗燕脤膰賀慶以飲食親宗族兄弟也以婚冠親成男女也以賓射親故舊朋友也以饗燕親四方賓客也以脤膰親兄弟國也以賀慶親異姓國也此為嘉禮六

問六樂之名如何　對曰六樂之目在春官曰大司樂一曰雲門大卷二曰大咸三曰大磬四曰大夏五曰大濩六曰大武此之謂六樂

問雲門大卷者何卷權捲蹇三音　對曰黃帝之樂也周人冬至舞之以祀天神

問大咸者何　對曰一曰咸池至周曰大章堯樂也周人夏至舞之以祀地祇

問大磬者何磬同韶　對曰舜樂也周人舞之以祀四望

　司中司命風師雨師

問大夏者何　對曰禹樂也周人舞之以祀山川

問大濩者何　對曰一曰韶濩湯樂也周人舞之以享

　姜嫄

問大武者何　對曰武王之樂也武王一戎衣定天下
樂以武名不忘其本也成周以來舞之以祀武王

問五御之名如何　對曰地官保氏注云一曰鳴和鸞
二曰逐水曲三曰過君表四曰舞交衢五曰逐禽左

問六書之名如何　對曰據周禮疏引許氏說文曰一曰象形二曰處事三曰會意四曰轉注五曰諧聲六曰假借

問象形者何　對曰書與畫同畫取形書取象凡天文山川井邑草木人物鳥獸鬼物器用服飾有形者可象亦有象形兼會意諧聲者

問處事者何　對曰處一作指象形指事一也象別出為指事形不可象則指事亦有指事而兼象形會意

諧聲者

問會意者何　對曰會意有二體俱主義文合成字亦有三體會意者

問轉注者何　對曰諧聲轉注一也諧聲別出為轉注有建類主義轉注建類主聲轉注互體別聲轉注互體別義轉注

問諧聲者何　對曰諧聲與五書同出五書有窮諧聲無窮五書尚義諧聲尚聲觸聲成字不可勝舉亦有

問均輸者何　對曰均輸以御遠近勞費本章以戶數多少道里遠近求車數粟數以人數多少行道遠近求卒數又以戶數多少粟價高下求僦直以筭數多少粟價高下求傭錢謂之均輸言輸送遠近勞費均也

問盈朒者何　對曰盈朒以御隱雜互見朒本作朏盈朒者數人共買物出錢多則有餘少則不足以有餘不足數求之則人數物價可知數之隱互而難見者

假設有餘不足之數而以此術求之謂之盈朒朓不足也

問方程者何　對曰方程以御錯綜正負本章以諸禾秉實之數置行列諸行遞互相減使每行止存一列以求各秉實之數數不等者交易損益之行有列以正負術入之負欠也謂之方程者程禾數也方所置行列也方也此　所求之數至為雜揉古人所筭數周密備具矣

問句股者何　對曰句股以御深高廣遠横為句直為股斜為弦三者可互相求也以句中所容方直之積求之則山之高井之深城邑之廣道里之遠可以測知筭數之極致也

問載師所主何事　對曰載師者農牧衡虞官長也主察地宜均民力制貢賦酌高下肥磽輕重等也

問宅不毛者有里布何義　對曰布布錢也宅不毛者不種桑麻也罰之使出一里二十五家之布寀里布

之制廣二寸長二尺以為幣憑官司印書其上以為民間貿易之幣所謂二十五家之數止為不種桑麻者勸也

問孟子却說廛無夫里之布者何　對曰戰國之世一切取之市宅之民已賦其廛矣又令出此夫里之布非周禮載師法度也

欽定四庫全書

十一經問對卷五

元　何異孫　撰

周禮

問田不耕者出屋粟民無職事者出夫家之征者何

對曰此是戒游手末作者也屋粟者三家之税粟夫家者一夫百畝之税一家力役之征也

問鄉大夫七尺六尺之征者何　對曰七尺者指言二

十六尺者指言十五論語曾子曰可以託六尺之孤是也國中自二十以及六十野自十五以及六十有五皆征者力役之征也用民十過三日為公家小小差使豳風七月云上入執宮功治溝洫塗屋壁皆是

問三日之役每歲必守為常如何 對曰不然均人掌均之法凡均力政以歲上下豐年則旬用三日中年二日無年則一日凶札則無力政

問服役之法不免乎 對曰國中及野雖分輕重而其

閭亦有終不征者謂之舍舍者不役也貴者賢者能者服公事者老者疾者皆舍升於學者亦不征於司徒

問族師之職如何　對曰百家謂之族為長謂之師月吉則屬民而讀邦法書其孝弟睦婣有學者方見成周盛時家有塾也案禮記大夫七十而致仕者就家塾而教其方之子弟

問大司徒既以鄉三物而賓興賢能而鄉大夫又於大

比攷德行道藝而興賢能者何　對曰大司徒是舉其凡鄉大夫是行其事大司徒是在朝之官鄉大夫是六卿各一大夫也

問媒氏掌萬民之判中春之月令會男女奔者不禁其禮謂何　對曰會男女於仲春者順時令陰陽交也周正建子即今十二月故詩曰士如歸妻迨冰未泮獨奔者不禁注疏鄭解云通聘為妻奔為妾淫奔之事安有不禁乎嘗謂周禮非周公之全書必末世添

入者

問春官大宗伯所職何事　對曰此掌禮樂之官也大宗伯者禮官之長在王朝為大宗伯侯國止稱宗伯魯文公三年夏父弗忌為宗伯

問小宗伯所職何事　對曰大宗伯之副貳也禮之大綱統領皆屬大宗伯其節目次序小宗伯而下分掌之如鬯人只管飾秬鬯司尊彝只管尊彝司几筵只管鋪設天府只管收藏之類

問祀上帝而又祀五帝者何　對曰上帝是昊天上帝五帝是祀五方帝

問天與帝有以異乎　對曰郊壇而祭故謂之天祭於屋上而以神祇事之故謂之帝故曰郊祀后稷以配天宗祀文王於明堂以配上帝曰天與上帝一耳

問南北郊之義如何　對曰南郊祭天北郊祭地有樂章有定候大司樂冬至奏樂於圜丘以祀天夏至奏樂於方澤以祀地

問然此則南北郊不合祭者何　對曰古者天地（缺）

用牲於郊牛一乃社於新邑凡

兩起祭

問春官止說祀昊天上帝不說祀后土者何　對曰禮

地即是祀后土

問日月星辰固當祭而司中司命飌師雨師亦祭如何

對曰司中是三台星司命是文昌星飌師是箕星

雨師是畢星所謂祭者祭星辰非祭風雨也

問風雨係祭雷不與祭如何　對曰風雨之祭自周以來尚矣雷神自唐以來方祭却與雨師同壇共牲而祀也

問社稷之義如何　對曰社是山林川澤丘陵墳衍原隰五土之祇而后土勾龍氏其配也稷却專係原隰之祇能生五穀者后稷周契氏其配也

問社稷之壇社有主稷無主者何　對曰未攷周制如

何今州縣社以石為主稷有壝

問風雨雷神各自有壇如何　對曰社稷壇於西方風

師於東北雨師於東南

問今制先祭先聖先師而後祭風師雨師者何　對曰

上丁釋奠上戊祭社自周以來遵用此制葢以為二

氣之良能天地之功用流行於覆載之間以育萬物

民生賴焉是以於其壇壝時日之制藏於禮官有司

歲舉行之在周禮當屬小宗伯所掌

問禮天有二郊地有二社者何　對曰春郊於天社於地祈農之作也秋社於地郊於天報農之成也

問廟有六祭者何　對曰春祠夏禴秋嘗冬烝祫祭禘祭一不可闕

問鄭玄以上帝與祀五帝為六天者何　對曰昊天只一上帝而已天安得六五帝是五方帝見月令周易說卦帝出乎震舉一隅則南中央西北可知矣

問大司樂是典樂之官如何　對曰舜命夔典樂教冑

子也大司徒大綱亦是教國子大司樂統其事樂師調之

問大司樂是教導之官如何　對曰非也凡有道有德者使教焉大司樂是樂官之長三代盛時小學之制已自幼時學詩學舞樂所以洽其心檢其身者有素矣教導之官以樂德教國子者聽其聲音歌誦觀其品節度數以為之教爾

問樂德何義　對曰中和祇庸孝友此為樂教之六德

中者盡己中心之謂和者剛柔相濟之名祗者恭敬庸是有常孝於父母友於兄弟

問樂語何義　對曰興道諷誦言語此為樂教之六語興者旁引曲喻感發善心道者誘掖開導使歸於正諷者反復而咏嘆誦者句讀之節文與人說曰言述人言曰語

問樂舞何義　對曰雲門大卷大咸大磬大夏大濩大武六代之樂也今日習此舞為將來祭祀之用

問教國子時世子恐皆與焉如何　對曰文王世子一篇可攷王之世子公卿大夫元士之適子咸在焉

問圜鍾函鍾何律　對曰圜鍾即夾鍾二月律也函鍾即林鍾六月律也如風字用飌雷字用靁法字用灋此周禮之文也

問樂師六舞是六樂之舞如何　對曰非也帗舞者全羽祭社稷用羽舞者析羽祭宗廟用皇舞者以羽飾衣祭四方用旄舞者氂牛之尾有事於辟雍用干舞

者戈止舞兵事用人舞者手舞祀星辰用

問八音屬幾色樂器　對曰金鐘鎛也石玉磬也土塤也革鼓也竹管籥也絲琴瑟也木柷敔也匏笙也

問鐘師一職而奏九夏者何　對曰詩頌君德樂舞后功詩歌於堂上而鐘鼓應於堂下以鐘鼓奏九夏夏大也樂之大歌有九也

問九夏云何　對曰王出入奏王夏尸出入奏肆夏牲出入奏昭夏四方賓來奏納夏臣有功奏章夏夫人

祭奏齊夏族人侍奏族夏客醉而出奏祴夏公出入
則奏驁夏然則九夏皆詩也

問魯襄四年晉侯享穆叔工奏肆夏三者何　對曰鄭
玄以肆夏韶夏納夏之三杜子春曰肆夏一名樊韶
夏一名遏納夏一名渠呂叔玉曰肆夏乃時邁之詩
樊遏乃執競之詩渠乃思文之詩歌此三詩又謂之
三夏

問三家說異同奈何　對曰肆夏者九夏中之一章不

應舉韶夏納夏以為三注疏釋肆為遂夏為大曰奏肆夏者金奏時邁執競思文三頌詩爾故曰肆夏之三國語曰金奏肆夏樊遏渠故左傳於金奏後繼云工歌文王之三文王大明緜三大雅詩也

問韎師何職　對曰韎東夷之樂也韎者以韋為服教其樂使服其服不用於朝會燕射而用於祭祀大享以示四夷來王之義

問内史外史掌誥命比今之制誥如何　對曰内史掌

書王命猶今之翰林內制外史掌外令猶今外制舍人著作修撰等官

問春官一篇獨不言象魏者何　對曰天官掌邦治地官掌邦教夏官掌邦正秋官掌邦禁冬官掌邦土五官皆法之所在也故象魏之垂見於四官春官所掌者禮故不言象魏

問大卜三兆如何　對曰三兆者顓頊氏之古法瓦兆者帝嚳之占法原兆者周之占法也

問三易者何　對曰夏之易曰連山商之易曰歸藏惟周止曰易

問經卦皆八者何　對曰三易之法其卦皆以八而别之八八六十四也

問三夢如何　對曰致夢者夏后氏夢書觭夢者殷人夢書咸陟者周人夢書

問夏官司馬所主何事　對曰掌邦國九伐之法軍旅之事也

問司馬旣掌軍旅則握兵發兵其權不亦重乎　對曰非也司馬雖掌兵之官至於軍旅大事五官之長咸預焉冢宰以征師於諸侯大司徒以旗致萬民而治其政令大宗伯以軍禮同邦國大司寇涖戮於社兵權散任不偏屬一人

問夏官侵伐比春秋侵伐如何　對曰春秋書征伐以其擅興師以虐民周禮言侵伐葢以承王命而徂征孔子曰天下有道則征伐自天子出天下無道則征

伐自諸侯出

問司甲司兵司戈盾司弓矢四官專職此四事乎　對曰四官之授兵器非為戰伐而授之民蓋授之鄉大夫從軍會同者也周之將帥皆出於鄉無事則還朝

問當時民間想皆無兵器如何　對曰甸出革車一乘凡甲兵戈盾旗物鼓鐸悉備焉鄉遂之官簡其兵器是也調發則各以其具行而官府不與知也可見民兵自藏之民爾

問太僕是侍御僕從官否　對曰太僕掌受民報如漢之公車司馬後之登聞皷院凡諸侯羣臣萬民各有復逆復謂奏事逆謂受下奏如唐之奏復是也勢有尊卑故太僕小臣御僕各以官尊卑受之以達於宰夫宰夫亦掌臣民復逆宰夫告冢宰與王參議行之所以通下情來諫諍也

問秋官大司寇所主何事　對曰司寇掌邦禁以三典五刑佐王詰四方者也

問大司寇以嘉石平罷民以肺石達窮民其義如何

對曰民有罪而未麗於法者曰罷民有復而未達於於上曰窮民罷民則坐諸嘉石而聽役窮民則立於肺石三日而士聽其辭

問嘉石肺石其義如何　對曰嘉石文石也肺石赤石也文取文法之義肺取肺腸之義

問此二石置於何所　對曰只如周禮舊制在外朝肺石居右嘉石居左地在庫門之外以理推之當在皋

門庫門之間蓋臯門乃衆庶州長所立之位窮民達於肺石之所罷民坐於嘉石之所則地不逼於外朝而宮禁尊嚴

問小司寇凡命夫命婦不躬坐獄訟如何　對曰命夫爲大夫者命婦則大夫妻左傳衛侯與元咺訟甯武子爲輔鍼莊子爲坐士榮爲大士又王叔陳生與伯輿爭政晉士匄平王家王叔亦使宰伯輿亦使大夫瑕禽坐獄士匄聽之

問掌戮掌斬殺賊諜而搏之其法云何　對曰斬用鈇鉞令要斬也殺以刀刃令棄市也搏當作膊去衣受刑如今之副剥也

問司烜氏以夫遂取明火於日以鑑取明水於月者何　對曰夫遂陽遂也鑑鏡也即方諸陽遂取火方諸取水今之水火鏡也取火以青紙貼鏡映日取之取水以白紙貼鏡映月取之用此火以照饌陳設明水以為玄酒滌樽罍

問穴氏攻蟄獸翨氏攻猛鳥硩蔟氏覆夭鳥巢蟈氏去鼃黽壺涿氏除水蟲庭氏射夭鳥寧不殺物傷生非仁政乎（翨音翅　硩音滌）對曰蟄獸各以火物攻之攻猛鳥各以其物為媒而掎之覆鳥巢以方書日辰月歲星號禁之鼃黽焚牡蘜灰灑之死烟被之使無除水蟲以鼓毆之以石投之且以牡橭沈於水而殺水神夭鳥之神又以大陰之弓枉矢射之若此之類必非周公之用心也（橭音姑）

問司儀掌賓客擯相之義如何　對曰出接賓客曰擯鄉黨篇曰君召使擯入贊禮曰相孔子攝行相事是也

問王三揖之禮有土揖時揖天揖者何　對曰土揖者推手小下時揖者平推手也天揖者推手舉之土揖庶姓無親者也時揖異姓婚姻者也天揖同姓宗族者也此是合諸侯會同將祭祀王升壇而諸侯朝見之儀

問冬官司空所主何事　對曰司空者工官也伯禹作司空主平水土冬官一篇亡漢興購千金求之弗得乃以考工記補之而猶闕其六段氏桼氏韋氏筐人楖人雕人

問或曰冬官未嘗亡　對曰案司徒掌邦政司空掌邦土胡五峯曰冬官未嘗亡乃劉歆顛錯妄以冬官事屬地官耳

問考工記出於何人　對曰周官六典缺其一河間獻

王乃求考工記以補之周官之書曰司空掌邦土居四民周禮六典六曰事典以富邦國以任百官以生萬民詳見地官內

問蔡傳以周公作周禮一書未備非冬官篇亡 對曰周公周禮六服朝覲之制不同故曰作書未備冬官又係掌邦土居四民時地利其亦非錯雜於地官中百工之事又非司空正職書未備而公没信矣

問攻木之工七曰輪輿弓廬匠車梓者何廬廬音盧 對曰

輪人攻於輪者也輿人總言為車者也弓人為弓者也廬人為兵器者也匠人掌表景方位塗溝洫者也車人為車兼為耒者也梓人為器用者也

問攻金之攻六曰築冶鳧㮚段桃者何　對曰築氏執下齊音劑冶氏執上齊鳧氏為聲㮚氏為量段氏為鎛桃氏為刃下齊者大刃之齊削殺矢之齊鑑燧之齊齊者金錫相和之品數也上齊者鍾鼎斧斤戈戟也錫多金少為下齊錫少金多為上齊鳧氏為鍾故曰

聲㮚氏為量豆區鬴也段氏為鎛農器也桃氏為劍工於刃者也

問攻皮之工五曰函鮑韗韋裘者何　對曰函人為甲者也鮑人作鞄理皮革者也韗人造鼓者也韋人裘人二工缺

問設色之工五曰畫繢鍾筐㡃者何　對曰畫是文采繢是文繡鍾是染色筐人缺㡃湅絲者也曰練絲

問刮磨之工五曰玉楖雕矢磬者何　對曰玉人雕琢

玉者楖人雕人缺矢人為矢者也磬氏為磬者也

問摶埴之工二曰陶旊者何旊音紡 對曰陶人為甗者也旊人為簋者也甗甑也左傳紀甗磬

問五官之首皆有惟王建極辨方正位體國經野設官分職以為民極五句冬官獨無者何 對曰冬官缺考工記又出漢儒不敢則效經文

問六卿分職率屬其屬幾人 對曰天官冢宰以下六十有二地官司徒以下七十有四春官宗伯七十夏

官司馬六十八秋官司寇六十有五冬官考工之屬二十六為通三百六十有五

問府史胥徒通計幾人　對曰冢宰一官二千六百六十有六宗伯一官二千二百四十有一司馬一官三千二百六十有五司寇一官二千六百五十有七四官之屬固已萬人矣

問周制多是兼官府史胥徒之數已近萬人何以養之　對曰此皆庶人之在官者六卿之屬治事之所不

知何處安放且安有許多閑田祿之此必劉歆輩多
端增廣附益於各官之下周公初意未必瑣屑繁碎
也

問官皆有府史胥徒而有無府史胥徒者何　對曰食
醫疾醫瘍醫獸醫皆無府史胥徒

問有府無史者何　對曰角人羽人文書少而有羽物
自藏之

問有徒無胥者何　對曰腊人得徒則足不假胥師

儀禮

問儀禮一書誰人作　對曰未知誰作或曰周公作然周禮大宗伯掌邦禮孔子有學禮之言禮記有讀禮之文當是時固有簡牘可傳矣決非秦漢間筆也其制度必出於聖人若斷以為周公之作則非所敢知

問此書出於何載　對曰河間獻王云得先秦古書曰禮曰禮記藝文志云古經者出於魯淹中

問儀禮何以得名　對曰秦焚書禮之見於漢者猶有

古經五十六卷經七十篇記百三十一篇漢之君臣不好不尚至宣成世大小戴劉向所録止十七篇其十七篇中有儀有禮遂合而名之

問今之儀禮十七篇其劉向所録乎抑高堂生所傳乎

對曰高堂生所傳特士禮爾今儀禮有冠婚喪祭相見虞特牲饋食七篇所謂士禮也他皆諸侯卿大夫禮必非高堂所傳者唐陸德明賈公彥定為今之儀禮參以淹中所出天子諸侯卿大夫制與后蒼所

明劉向別録則其書不純古矣

問既有周禮又有禮記而又有儀禮者何　對曰朱文公修三禮劉子云周官一書固為禮之綱領至其儀法度數則儀禮乃其本經而禮記是解儀禮之義且如儀禮有冠婚禮記則有冠義儀禮有婚禮禮記則有婚義以至燕射聘莫不皆然

問儀禮不言軍禮者何　對曰周禮大宗伯掌五禮軍禮其別有五而儀禮不載者謂軍禮乃征伐動衆之

事其禮已載於司馬法矣

問禮始於冠婚者何　對曰冠者所以重成人之道婚者所以正夫婦之倫

問相見亦有儀者何　對曰以有言辭之文故制為相見之儀便敬慎不失也

問鄉飲亦制禮者何　對曰聖王之化自一鄉而達之一國自一國而達之天下鄉飲而制禮者聖王所以崇敬讓之化明尊卑之義序爵齒之容息爭訟之風

者也

問鄉射亦制禮者何　對曰先王崇三射之制立五善之目以此選士以此建侯以飾禮樂以觀容志而大政寓焉明乎其節而不失其事則功成而德行立無暴亂之端而有揖讓之風故曰射者所以觀德也

問所謂大射之禮者何　對曰所以明君臣之分也天子諸侯之禮也然射中得為諸侯不中則不得為諸侯此等言語雖信恐只是以射審是非非以此定去

取也

問聘禮者何　對曰所以重往來之交際也來而不往非禮也往而不來亦非禮也是故有遣聘有報聘

問燕禮者何　對曰人不能無歡愉之心故君子以飲食燕樂制為之禮者以為樂勝則流智之實知斯二者樂之實樂斯二者禮之實節文斯二者

問祭禮者何　對曰儀禮中止大夫士禮如邦國人君者僅存一二生事之以禮死葬之以禮祭之以禮故

父為士子為大夫葬以士祭以大夫父為大夫子為士葬以大夫祭以士祭思敬又曰祭從宜或問今世俗祭禮如何曰慢矣葬禮如何曰僭矣

問饋食亦有禮者何　對曰一獻侑之微一籩豆之數莫不有禮文行其間

問喪夕者何　對曰闕

問虞者何　對曰闕

問婚禮有六者何　對曰窈窕淑女左右采之是故納

采馬娶妻不娶同姓是故問名馬人謀鬼謀欲無不
臧爾室爾家欲無不宜納吉也無辭不相識無幣不
相見納徵也士如歸妻迨氷未泮請期也往迎爾相
御輪三周親迎也

問鄉飲禮亦有六者何　對曰請賓介陳器饌獻賓介
獻饌旅酬燕其大節有六

問拜至拜洗拜送拜既者何　對曰禮以敬為主非敬
不足以行禮也

問請安請坐爵樂無筭者何　對曰禮之用和為貴此所以親睦鄉閭而罰爵之禮不行

問降盥降洗者何　對曰禮有潔而為貴曰洗曰帨曰受且降以清尚潔也

問辭盥辭洗者何　對曰辭讓之心禮之端也非辭讓不足以見恭敬

問父坐子立者何　對曰教人以孝也

問老者坐於上少者坐於下者何　對曰教人以弟也

問飲食必祭者何　對曰不忘本也

問酬爵不舉者何　對曰不盡人之惠也

問序賓以賢者何　對曰貴德也

問序坐以齒者何　對曰貴長也

問序僎以爵者何　對曰貴貴也

問工歌必獻者何　對曰不忘功也

問燕及沃洗者何　對曰不忘則也

問歌關雎葛覃卷耳者何　對曰教人以齊家之道也

問歌鹿鳴四牡皇華者何　對曰教人以事君之道也

問升歌三終者何　對曰謂歌鹿鳴四牡皇華也

問笙入三終者何　對曰謂笙南陔白華華黍也

問間歌者何　對曰歌魚麗則笙由庚歌嘉魚則笙崇丘歌南山有臺則笙由儀也文公詩傳曰間代也言一歌一吹也

問合樂三終者何　對曰歌關雎則笙鵲巢合之歌葛覃則笙采蘩合之歌卷耳則笙采蘋合之故升歌之

詩三間歌之詩六合樂之詩亦六也

問鄉飲歌風而不及頌歌小雅而不及大雅者何　對曰鄉飲者一鄉之事所謂用之鄉人焉者安有所謂盛德而歌頌雖五十者立侍以聽政役然政役亦止行於一鄉而未足以行之於一國故止歌小雅

問五禮何所始乎　對曰孔穎達云伏羲造琴制為嘉禮之始神農播種飲食為吉禮之始黃帝有戰有葬有官為軍兵凶禮之始

問禮至周而後備乎　對曰夏商而行簡畧至周自有許多降殺上世親親長長至周則有貴貴尊賢喪祭之禮有絶有降又有不絶不降凡此皆天下之大經周公搜剔出來立為定制後世更不可易文公儀禮

問漢孫叔通所制朝儀若何　對曰緜絶之儀至於羣臣震恐無敢喧譁失禮者比之三代燕暇雍容氣象則無復存矣此葢秦人尊君卑臣之法文公

問叔孫制禮兩生非之者何　對曰月餘緜絶何以復

古必待百年曷禦擊柝叔孫固非兩生亦未為得劉子述言

問漢初古禮尚存何故不傳　對曰河間獻王所傳古禮五十六篇漢末鄭玄尚及見今注疏中時有引援唐開元猶在後來無人說著此書遂亡文公

問開元貞觀禮如何　對曰周公制禮立於一時而萬世不易自非聖人儀禮則未有久而不變故貞觀之禮不可行於顯慶而顯慶之禮不可行於開元東萊

問唐宋沿革如何　對曰開寳禮全襲開元但畧政和五禮新儀開元有刺史弔吏民之禮畧如古者國君弔民開寳刪去

問宋朝立禮科之意如何　對曰開寳立通禮科令其熟讀此書試時挑問後來又作為通禮一書如問邊起於何時遂一說了又反覆議論一段

問政和五禮新儀如何　對曰南渡後州郡猶存印本後來散失如春秋釋奠祈報社稷及禮風雨雷師壇

壝器服制度與夫冠婚喪祭民間無以遵守

問二程橫渠司馬公三家言禮如何　對曰二程橫渠

多是古禮温公則大槩本儀禮而參以今之可行者

伊川禮則祭禮可用婚禮則當用温公最為適古今

之宜已上並文公禮說

問文公家禮如何　對曰冠禮多遵用古禮婚禮依用

温公喪禮本於儀禮祭禮至晚年猶未定今士庶多

不能行後來祭禮聞已刊於邵武至今未見此書家

禮所載冠婚喪若克遵用儀禮在是矣

春秋

問春秋何義　對曰賞以春夏刑以秋冬春秋二字有賞善罰惡之意

問賞罰天子之權春秋與魯者何　對曰天下有道則賞罰自天子出上有明天子賞善罰惡則春秋不作借賞罰之權與魯不得已也

問當時豈無強大之諸侯而與魯者何　對曰魯周公

之後也非私魯也傷周也

問春秋內魯而或不為魯諱者何　對曰此孔子公天下之心也周有惡不諱魯有惡不諱諱魯則私矣而有時乎為周諱也為魯諱也

問孔子一列國大夫耳敢私以賞罰之權與人者何　對曰孔子嘗有言曰知我者其惟春秋乎罪我者其惟春秋乎

問晉之乘楚之檮杌如何　對曰乘者載也史乃載事

之書檮杌惡人名著其惡所以懲惡而勸善此一國
之史非公天下之書也

問孟子槩之魯春秋曰其義一者何　對曰論其名史
之義則晉為載事楚為著惡春秋為賞善罰惡故孔
子曰其事則齊桓晉文其文則史其義則丘竊取之
矣

問詩亡然後春秋作其說云何　對曰周平王崩在魯隱
公三年隱公即位則平王四十九年也平王東遷黍

離降於國風天下不復有雅詩矣春秋起於隱公之元年者適當雅亡之後也

問春秋不始於惠公者何　對曰惠公之世周平王尚知一二分王道鄭武公入為司徒晉侯捍王於難今觀緇衣之詩及書文侯之命豈不君君臣臣及平王在位日久疏遠兄弟不撫民人末年失道滋甚綱淪法斁諸侯不復知有王命在位亦及四十有九年矣適隱公即位不告於王故託始於隱公聖人深意也

問論者謂隱賢讓國故孔子以隱冠於春秋者何　對曰桓公幼隱公長而當立在位十一年雖對羽父有將老之說遲回顧戀不能勇退何讓之有

問何處見得隱公當立　對曰隱公是孟子繼室聲子所生既長且賢彼桓公者雖仲子所出以禮斷之禮無二嫡國君亦無二妃蓋禮諸侯不再娶仲子雖宋女其位在妾隱公當立故隱十一年稱公春秋與之也

問隱公當立不書即位者何　對曰不禀命於天子故不以即位之禮書

問春秋有五始者何　對曰元者氣之始春者時之始王者受命之始正月者政教之始公即位者一國之始王褒曰春秋法五始之要

問春秋始隱終麟者何　對曰託始於隱知平王終不足以有為獲麟而終傷世變重於此而有感

問一說春秋感麟而作者何　對曰麟為聖人出也哀

公十四年西狩獲麟出非其時遇狩而獲聖人益有所感也春秋感麟而作雖以此始亦以此終

問麟不出春秋作否　對曰麟不出春秋亦作但聖人之意必有所因

問公穀經終獲麟左氏經終孔丘卒者何　對曰春秋止於獲麟孔子作書緣何自書曰卒如此則孔子成春秋以為天下而獨私一孔丘哉公穀以為天下之書左氏以為孔子之書當從公穀

問卒之者誰　對曰游夏之徒增此兩年以記聖人之沒爾非禮也

問書孔丘卒不出於左氏而卒左氏者何　對曰傳春秋者左氏也當如公穀止於獲麟獲麟以後以傳體編年可也君子何議焉

問公穀皆記孔子生者何　對曰公穀皆傳也何為而不可公穀書生於傳可也左氏書卒於經不可也傳不可無經不可續

問元年春王正月者何　對曰元年者魯之元年春者四時之首王者周之天王正月者王之正月周正建子天下皆禀周之正朔也

問月次正正次王王次春春次年年次元者何　對曰斯五者編年紀事之綱領也

問隱公之經或以為平王或以為桓王者何　對曰穀梁曰平王公羊曰桓王皆拘泥之説在平王時則為平王在桓王時則為桓王隱公元年尚在平王之世

三年則為桓王之世春秋二百四十二年隨王而稱

問書王亦有二月三月者何　對曰書王正月者十三

王二月者二十王三月者十九無事有時亦冠以王

之一字

問隱公十一年不書正者何　對曰元年有正正隱公

也十一年無正隱公不自正也

問桓公三年不書王者何　對曰元年有王治桓公也

三年無王以桓之無王也

問王年不書王桓無王也自後凡十年不書王者何

對曰蒐裘之願未伸鍾巫之禍先發司馬之九伐不至王朝之貶黜無聞桓公十年不書王傷上無明天子也

問定公元年不書正者何　對曰君道不正權臣專國昭公不得正其終定公不得正其始故即位在四月也

問桓公四年七年不書秋冬者何　對曰天王失刑而

不治桓諸侯黨惡而相朝桓兩年不書秋冬者譏當
世之失刑也

問莊公二十二年以五月首夏者何　對曰忘親娶讎
如齊納幣讎女不可以奉先五月不可以首夏譏莊
公棄父讎娶讎女也

問書始者何　對曰始者貶辭也以其舊之誣也始作
兩觀是也

問書初者何　對曰始者貶辭也亦有貶辭初獻六羽

初稅畝是貶也

問書及者何　對曰左氏傳例與謀曰及

問書盟者何　對曰書盟者九十有五皆罪其賊古道長亂階而鄉儀父為之首（隱公元年）

問書圍者何　對曰書圍者四十有四罪其相殘也宋人圍鄭是也

問書伐書侵者何　對曰書伐者（缺）書侵者五十四貶其不務息兵也

問書朝書聘者何　對曰朝者三十有一聘者三十有三皆貶其不知尊王而自相朝至於王臣下聘王國亦自失其為尊也

問書入者何　對曰書入者二十八皆罪其專兵也莒人入向為之首隱公二年

問書戰者何　對曰書戰大小共五十有八孟子曰春秋無義戰彼善於此則有之矣否則互相侵奪皆聖人所深貶也

問書來者何　對曰王臣則或小貶其無王命列國之大夫則或貶其私交及負辜而來此也

問書奔者何　對曰貶其負鼎而逃者

問書滅者何　對曰毁其宗廟夷其社稷遷其人民俘厥寶玉逐其君而有其地也

問書亡者何　對曰滅者以兵威而滅之亡者不能撫其民人守其宗廟保其社稷自底滅亡書梁亡是也

問三傳得失如何　對曰互有得失左氏善於考事而

義理則疏公穀於義理頗精而考事則略左氏理不勝文公穀文不勝理左氏之得公穀失之公穀之得左氏失之

問左氏熟於國史故事之本末能效其詳 對曰只為曾見國史但不向義理上用心說夢說相論鬼談神吉凶禍福生死壽夭皆非春秋大義且得見魯史之所以詳何緣不求春秋之所以約由詳反約則知一字之褒貶有所自來可惜學不至此

問公穀必是淳樸之士故以義理觀經　對曰公穀識義理可惜不曾見國史左氏博洽有史才大抵博物洽聞者必有文章而浮夸是其短也公穀各守所學如春秋所有者皆求解盡所無者則未嘗言之是二儒淳樸處

禮記

問禮記一書誰作　對曰孔子沒七十二子共撰所聞以為之記及秦漢諸附録所記以成編多非孔子言

者凡子曰者多假託

問孔門弟子所記而曰戴記者何　對曰漢宣帝后蒼最明禮曾講禮於曲臺戴德戴聖皆其弟子也德所刪八十五篇號大戴禮聖所刪四十九篇號小戴禮即今之禮記也

問大戴禮不行世者何　對曰大戴冗雜其好處都被小戴採摘來做禮記大戴禮如韓詩外傳雖有此兩家書而讀者希

問篇名曲禮者何　對曰先儒以爲委曲教人之義惟林艾軒先朝一說謂后蒼講禮於曲臺其弟子所記乃曲臺所聞者故以曲禮冠於篇首以明曲臺所講之禮也

問各篇皆有作者之名乎　對曰中庸子思作緇衣公孫尼子作月令吕不韋門人作王制漢文博士作樂記先儒以爲荀卿作經解疑治易之家者作大學疑曾子作其餘未聞

問曲禮少儀內則等篇恐皆是小學之文　對曰呂氏童蒙訓以為禮之灑埽應對進退之節文內則一篇止是子之事父母婦事舅姑之禮

問禮器禮運名義若何　對曰橫渠正蒙以為禮之成禮之用也

問經解一篇只解禮經如何　對曰伊川荅呂與叔曰恰限易之教潔淨精微詩之教溫柔敦厚恐害義理此篇實文墨之士為之解禮經尚未得況解五經乎

問儒行一篇果出孔子如何　對曰李泰伯未必非孔子之言蓋戰國豪士所以高世之節其條十有五旨意重複夸誕過當或曰魯哀公輕儒孔子有為而言然多自夸大以傲其君豈所為孔子哉

問表記止論人之威儀如何　對曰伊川以為是儒者教人循理之言故言多近道

問明堂位人多以為不可信如何　對曰魯僭王禮其弊起於成王伯禽後來兼六代之樂皆僭用之如曰

周公踐天子位安有此理記者之訛也

問月令中間有周漢事不可斷以為出於呂氏門人　對曰此篇記秦事為多周漢事間雜必出於呂氏門人而補葺訂正漢儒與有力焉

問四十九篇記盡得禮否　對曰如何可盡王制玉藻諸篇乃禮之文物制度燕居緇衣諸篇乃禮之規矩準繩冠義婚義燕射諸篇乃禮之文義訓辭禮莫大於祭祀故郊廟之禮為詳禮莫重於喪葬故服制之

禮為備一服之製見於深衣一燕之樂見於投壺禮儀三百威儀三千亦未為不盡也

問禮記莫是儀禮中之節文　對曰周禮是禮之綱領至其儀法度數則儀禮乃其本經而禮記乃其義說文公曰儀禮是經禮記是解

問檀弓月令文王世子學記表記大學中庸何以謂之禮書　對曰曲禮郊特牲祭義祭法婚義冠義喪服等篇古之禮書也樂記一篇古之樂書也若檀弓大

學等篇葢自漢興搜求於殘編斷簡之中禮得於淹中樂傳於劉氏初莫詳其各篇作者之名因記録以成編爾

問禮器云禮者體也祭義云禮者履也體履如何　對曰體謂禮經也葢禮者立事之本統之心體之身以齋正於物謂周禮儀禮也故為體履之云者謂昔之誦而説者至是可踐而履也故曰禮儀三百威儀三千待其人而後行

問三百三千其說異同者何　對曰孝經說禮經三百禮器云經禮三百中庸云禮儀三百威儀三千禮器云曲禮三千大意謂禮之體其綱領體統則三百而節文度數躬行踐履其條目則三千之多異同何必深辨

問王制班爵與孟子不同者何　對曰孟子以天子公侯伯各一位子男同一位凡五等王制則子男二位而不及天子孟子以君卿大夫上中下士各一位凡

六等王制不言君而止五等　大國次國小國皆有上士二十七人中士下士又當幾人此則不可曉也

十一經問對卷五

總校官候補中允臣王燕緒
校對官編修臣錢樾
謄錄監生臣宋喆

圖書在版編目（CIP）數據

十一經問對 / (元) 何异孫撰. — 北京：中國書店，2018.8

ISBN 978-7-5149-2029-1

Ⅰ. ①十… Ⅱ. ①何… Ⅲ. ①經學 – 注釋 Ⅳ. ①Z126.1

中國版本圖書館CIP數據核字(2018)第078392號

四庫全書·五經總義類

十一經問對

作者　元·何异孫　撰

出版發行　中國書店

地址　北京市西城區琉璃廠東街一一五號

郵編　一〇〇〇五〇

印刷　山東汶上新華印刷有限公司

開本　730毫米×1130毫米　1/16

印張　20.75

版次　二〇一八年八月第一版第一次印刷

書號　ISBN 978-7-5149-2029-1

定價　七八　元